Martina Häuser

Uni-Taschenbücher 1312

UTB
FÜR WISSEN
SCHAFT

Eine Arbeitsgemeinschaft der Verlage

Wilhelm Fink Verlag München
Gustav Fischer Verlag Jena und Stuttgart
Francke Verlag Tübingen und Basel
Paul Haupt Verlag Bern · Stuttgart · Wien
Hüthig Verlagsgemeinschaft
Decker & Müller GmbH Heidelberg
Leske Verlag + Budrich GmbH Opladen
J. C. B. Mohr (Paul Siebeck) Tübingen
Quelle & Meyer Heidelberg · Wiesbaden
Ernst Reinhardt Verlag München und Basel
F. K. Schattauer Verlag Stuttgart · New York
Ferdinand Schöningh Verlag Paderborn · München · Wien · Zürich
Eugen Ulmer Verlag Stuttgart
Vandenhoeck & Ruprecht in Göttingen und Zürich

TEXT UND GESCHICHTE

Modellanalysen
zur englischen und amerikanischen Literatur

Herausgegeben von
Rüdiger Hillgärtner, Edgar Kamphausen und Malte C. Krugmann

Christoph Bode

Aldous Huxley: »Brave New World«

Wilhelm Fink Verlag München

Die Deutsche Bibliothek – CIP-Einheitsaufnahme

Bode, Christoph:
Aldous Huxley, "Brave new world": 2., verb. Aufl. /
Christoph Bode. – München: Fink, 1993
(UTB für Wissenschaft: Uni-Taschenbücher; 1312) (Text und
Geschichte: Modellanalysen zur englischen und amerikanischen
Literatur)
ISBN 3-8252-1312-9 (UTB)
ISBN 3-7705-2247-8 (Fink)
NE: UTB für Wissenschaft / Uni-Taschenbücher

Gedruckt auf umweltfreundlichem, chlorfrei gebleichtem Papier
(mit 50 % Altpapieranteil)

2. verbesserte Auflage 1993

Ohmstraße 5, 8000 München 40
ISBN 3-7705-2247-8

Printed in Germany
Herstellung: Ferdinand Schöningh, Paderborn
Einbandgestaltung: Alfred Krugmann, Freiberg am Neckar

UTB-Bestellnummer: ISBN 3-8252-1312-9

Inhalt

Vorwort

Es gibt gute Gründe, sich mit Aldous Huxleys *Brave New World* kritisch auseinanderzusetzen. Die Popularität dieses Romanes ist – unabhängig von allen Schwankungen und Moden literarischer Kritik und akademischer Evaluierung – rund fünfzig Jahre nach seiner Erstveröffentlichung noch ungebrochen: Im Mai 1982 erreichte die deutsche Taschenbuchausgabe des Fischer Verlages die Grenze von einer Million Exemplaren, wobei zu bemerken ist, daß die ersten 500 000 in zweiundzwanzig Jahren abgesetzt wurden, die zweiten jedoch in nur sieben. Ähnlich sieht es in Großbritannien aus: Die Penguin-Ausgabe von *Brave New World* erfuhr zwischen 1955 und 1976 29 Auflagen, bevor die Taschenbuchrechte – wie die der wichtigsten anderen Huxley-Titel auch – an Granada-Panther übergingen, die innerhalb von nur fünf Jahren 13 Auflagen drucken konnten. *Brave New World* ist also ein typischer *longseller* mit aufsteigender Tendenz und beachtlicher Verbreitung, wozu in der Bundesrepublik Deutschland auch beigetragen haben mag, daß der Roman nach wie vor für die Sekundarstufe II amtlicherseits als Schullektüre empfohlen wird – weshalb er auch wie selbstverständlich von pädagogischen Verlagen in besonders preisgünstigen, ungekürzten Schulausgaben angeboten wird.

Brave New World als tatsächlich gelesenes Buch ist eine Sache, das Schlagwort von der „schönen neuen Welt" eine andere. Ob nun Kardinal Höffner im Namen der Deutschen Bischofskonferenz nach der Geburt des ersten „Retortenbabies" (1978) mahnend auf Huxleys Werk verweist, oder ob sich das Bundesinnenministerium im Januar 1983 in Reaktion auf die Titelgeschichte eines deutschen Nachrichtenmagazins dagegen verwahrt, daß der ehemalige Präsident des Bundeskriminalamtes „mit den Horrorvisionen von Huxley und Orwell" in Zusammenhang gebracht werde – immer besteht hier die Gefahr, daß der Romantitel zu einer gängigen, nicht weiter hinterfragten, weil als bekannt vorausgesetzten Chiffre wird, mit der sich – ähnlich wie mit Orwells *1984* – allerlei Bedrohliches bezeichnen läßt.

Zwar haben Details aus Huxleys Roman bei weitem nicht in dem Maße Eingang in das politische Bewußtsein gefunden wie etwa Orwells *Big Brother, doublethink, Newspeak* oder die Namen der diversen Ministerien in *1984*; doch vage Erinnerungen an Babies in Flaschen, an zwangsverordnete sexuelle Promiskuität oder chemisch-synthetische Glücksgefühle mögen so gleichwohl noch evoziert werden. Die Sicht auf den Roman selbst, seine eigentliche Aussage, Problematik und Provokation, wird allerdings durch solche Indienstnahme eher verstellt. Es ist eine Hauptaufgabe dieses Bandes, den durch permanente Überbetonung „sensationeller" Einzelaspekte und pikanter Kuriositäten verdeckten Kern von *Brave New World* analytisch freizulegen.

Es wäre jedoch ein Irrtum anzunehmen, daß man bei solcher Korrektur eines weitverbreiteten Halb- oder Mißverständnisses ohne weiteres auf die vorliegende akademische und pädagogische Sekundärliteratur zählen könnte. Wie bei kaum einem anderen englischen Roman des 20. Jahrhunderts – ausgenommen vielleicht der Parallelfall *1984* – ist die professionelle Rezeption von *Brave New World* weitgehend selbst eine Geschichte von Mißverständnissen, Auslassungen, Verdrehungen und Verzerrungen und scheint auf deprimierende Weise Huxleys abfällige Urteile über Literaturwissenschaftler und Literaturkritiker zu bestätigen.

Daher wurde folgender Weg gewählt: Nach einem skizzenhaften biographischen Abriß (Kapitel I) soll in Kapitel II gezeigt werden, wie sich in Huxleys schriftstellerischem Werk der zwanziger Jahre – sei es in seinen Romanen und Erzählungen, sei es in seinen Essays – verschiedene thematische und formale Stränge finden, die später, zur Zeit der Entstehung von *Brave New World,* zusammenlaufen und spezifische Modifizierungen erfahren. Kapitel II bietet also keinen Überblick, der der Komplexität und der Eigenart jedes einzelnen Frühwerkes gerecht werden will; es wählt bewußt aus, im Hinblick auf *Brave New World,* und streift vieles nur vorübergehend, was – läge ein anderes Erkenntnisziel vor – ausführlichere Behandlung erfordert und verdient hätte.

Im dritten Kapitel geht es schon um einen Aspekt der oben angesprochenen Modifizierungen, nämlich um die Frage, in welche literaturgeschichtliche, formale und philosophische Tradition sich Huxley stellt, wenn er mit *Brave New World* erstmals die Form des *utopischen* Romans wählt. Die Gattungsproblematik – was nun wesentlich die Utopie ausmacht, was unter negativer oder devolutionistischer Utopie zu verstehen ist, was unter Anti-Utopie, Dystopie oder Mätopie – wird dabei nicht als theoretisch-abstrakte, zeitlose, sondern als historisch vermittelte, gesellschaftliche behandelt: Der Wechsel von der Utopie zu ihrem negativen Gegenstück wird als kulturhistorisch relevantes Datum verstanden, weshalb auch in diesem Abschnitt besonderer Wert auf den spezifischen epochalen Kontext gelegt wird. Es liegt auf der Hand, daß dieser Punkt wegen des vorgegebenen knappen Raumes nicht systematisch und tiefschürfend behandelt werden kann; knappe Hinweise müssen genügen.

Das vierte Kapitel des vorliegenden Bandes versucht eine sorgfältige Analyse und kritische Neuinterpretation des Romanes, deren Ergebnisse in Kapitel V mit seiner Rezeptionsgeschichte verglichen werden. Hier geht es nicht allein um den Nachweis von Entstellungen und Verzerrungen oder unzulässigen Vereinnahmungen; jenseits mancher Schludrigkeiten und Schlampigkeiten, jenseits auch der unterschiedlich bedingten Ausblendungen und Akzentuierungen soll die *Logik* solcher Rezeption aufgedeckt werden, soll das Schicksal des Textes in der Geschichte seiner Aufnahme erklärt werden.

Eine Zeittafel am Ende des Bandes dient der schnellen biographischen Orientierung; kommentierte bibliographische Hinweise mögen dem Leser die selbständige Vertiefung des Stoffes erleichtern.

Jeder Leser ist herzlich eingeladen, den Gedankengängen und Argumentationen dieses Bandes kritisch zu folgen und nichts unbesehen zu übernehmen. Für positive wie negative Rückmeldung bin ich dankbar.

Christoph Bode
Englisches Seminar der Universität Kiel

I. Biographisches

Aldous Leonard Huxley wurde am 26. Juli 1894 in Godalming (Surrey) geboren. Seine Mutter Julia – die übrigens, für die damalige Zeit durchaus unüblich, in Oxford studiert und sogar mit einem *First Class Honours Degree* in Englisch abgeschlossen hatte – war eine geborene Arnold, Enkelin des berühmten Dr. Thomas Arnold, Headmaster of Rugby, der als großer Reformator des englischen *public school*-Systems gilt. Aldous war so mütterlicherseits auch ein Großneffe des Dichters und Literaturkritikers Matthew Arnold und hatte Mrs. Humphrey Ward, die viktorianische Romanautorin, zur Tante. Väterlicherseits sind die Namen der Vorfahren nicht weniger illuster: Aldous' Großvater war der Biologe Thomas Henry Huxley, eine der bestimmenden Gestalten des viktorianischen Geisteslebens. Sein kämpferischer Einsatz für Darwins Evolutionstheorie brachte ihm den ehrenwerten Beinamen „Darwin's bulldog" ein. Sein Sohn Leonard, Aldous' Vater, war Biograph und Kritiker, ein angesehener Gelehrter, der eine Zeitlang das von Thackeray begründete literarische *Cornhill Magazine* herausgab.

Die Familien Huxley und Arnold gehörten unstreitig zur sogenannten „intellektuellen Aristokratie" Englands – eine Tatsache, die nicht ohne Auswirkungen auf Kindheit und Jugend des jüngsten Sprosses Aldous wie auch seiner älteren Brüder Julian (geb. 1887) und Trevenen (geb.1889) bleiben konnte: Einerseits wuchsen sie in einem außergewöhnlich „kulturvollen", gebildeten Elternhaus auf, das sie frühzeitig mit Kunst und Wissenschaft vertraut machte. Bücher gehörten zum Alltag, intellektuelle Regsamkeit wurde belohnt und gefördert. So fiel den Huxley-Söhnen in diesem Milieu manches zu, was andere sich erst mühsam erarbeiten mußten. Andererseits lassen sich auch die Schattenseiten einer solchen Herkunft nicht übersehen: Die großen Namen der Vorfahren verpflichten. Außergewöhnliche Leistungen werden wie selbstverständlich erwartet: „Huxleys always get firsts."[1] Erwartungsdruck und Versagensangst führen hier oft zu Überarbeitung, mitunter zu Depressionen und Nervenzusammenbrüchen.

---

[1] Sybille Bedford: Aldous Huxley. A Biography, 2 Bde., 1894–1939, 1939–1963. London 1973, 1974. Hier Bd. 1, S. 20.

Der Bildungsgang ist vorgezeichnet: Aldous besucht zunächst die Prep School in Hillside (1903–08), dann Eton College (ab 1908), bevor er im Oktober 1913 sein Studium in Oxford aufnimmt. Doch dieser scheinbar glatte, planmäßige Verlauf wird durch drei Schicksalsschläge merklich beeinträchtigt:

Im November 1908 – Aldous ist erst kurze Zeit in Eton – stirbt seine geliebte Mutter an Krebs. Der elterliche Haushalt zerbricht, der Vater zieht nach London, heiratet vier Jahre darauf ein zweites Mal. Doch die Kinder aus erster Ehe bleiben lange Zeit auf Distanz.

Im Frühjahr 1911 erkrankt Aldous an *keratitis punctata*, einer Augenkrankheit, die sich, da nicht richtig behandelt, dramatisch verschlimmert. Aldous erblindet und muß Eton verlassen. Fast anderthalb Jahre lang kann er so gut wie nichts sehen. Er trägt das erstaunlich gefaßt und beginnt, Braille zu lernen. Auch nachdem eine gewisse Besserung eingetreten ist, bleibt er noch auf Jahrzehnte hinaus stark behindert. Er muß außergewöhnlich dicke Brillengläser tragen, liest vorzugsweise mit einer großen Lupe und ist vielfältig auf die Hilfe anderer angewiesen.

Im August 1914, der Erste Weltkrieg ist gerade ein paar Tage alt, begeht Aldous' älterer Bruder Trev Selbstmord, in einer Phase der Überarbeitung, Depression und unerträglicher Gewissensqual. Aldous Huxley hat später des öfteren bestätigt, wie sehr diese schlimmen Jahre ihn geprägt haben, wie sich schon früh ein mächtiges Gefühl des Verlustes bei ihm einstellte, das er dann, auf welche Weise auch immer, zu verarbeiten hatte.

Sein erstes Jahr in Oxford war ein triumphaler Erfolg gewesen. Zwar hörte er nur eine, höchstens zwei Vorlesungen pro Woche, aber: „Everybody adored Aldous – he fascinated them. He made a tremendous impression, and became the most popular person of the year.“[2] Obwohl er schon seit anderthalb Jahren auf Braille bzw. eine große Lupe angewiesen war, faszinierte er seine neuen Freunde und Bekannten vor allem mit seiner ungeheuren Belesenheit: "[He was] formidably sophisticated – he was dazzling, *dazzling* . . . The erudition: he had read everything.“[3] Die Früchte dieser Belesenheit wußte er – mit dem phänomenalen Gedächtnis des langsam, konzentriert lesenden Halbblinden – gekonnt in geistreiche, witzige Konversation umzusetzen. Kein Wissengebiet schien ihm fremd zu sein:

> Versed in every modern theory of science, politics, painting, literature and psychology, he was qualified by his disposition to deal with ideas

---

[2] Gervas Huxley, zitiert nach Bedford: Biography, Bd. 1, S. 43.

[3] Raymond Mortimer, zitiert nach Bedford: Biography, Bd. 1, S. 44.

and play with them. Nor would gossip or any matter of the day be beneath his notice: though even these lesser things would be treated as by a philosopher, with detachment and an utter want of prejudice. But he preferred to discourse on more erudite and impersonal scandals such as the incestuous mating of the melons, the elaborate love-making of the lepidoptera, or the curious amourous habits of the cuttlefish.[4]

Über das zweite Jahr fällt der Schatten von Trevs Selbstmord und der des Krieges. Oxford wird leer. Huxley – natürlich vollkommen untauglich für den Kriegsdienst – bleibt zurück, während seine Kommilitonen an die Front rücken. Er widmet sich weiter seinen Studien, vor allem der Literatur, denn seinen ursprünglichen Berufswunsch – Arzt oder Biologe – hatte er wegen seiner Sehschwäche schon frühzeitig aufgeben müssen. Nun veröffentlicht er also seine ersten Gedichte, trifft erstmals mit D. H. Lawrence zusammen (1915), tritt in Kontakt mit dem intellektuell-künstlerischen Kreis um Lady Ottoline Morrell auf dem Landsitz Garsington, und lernt so unter anderen T. S. Eliot, Virginia Woolf und Bertrand Russell kennen. Sein Name und sein Ruf öffnen ihm viele Türen.

Im Juni 1916 legt er sein Examen ab, mit einer Eins in Englisch und einem Essaypreis dazu. Er weiß, jetzt beginnt das „wirkliche" Leben – „No more of the sheltered, the academic life."[5] –, eine Aussicht, die ihn eher deprimiert, da er am liebsten endlos weiterstudieren würde und gar nicht so genau weiß, wie es nun weitergehen soll. Zwar verdingt er sich kurze Zeit als Aushilfslehrer in Repton, versucht sich dann, im Herbst 1916, als „woodsman" auf der Farm der Morrells, wo prominente Kriegsdienstverweigerer wie Clive Bell und Bertrand Russell ihre Strafzeiten mit Landarbeit hinter sich bringen – doch einen echten Lebensunterhalt liefert das genausowenig wie die gleichzeitige Veröffentlichung seines ersten Gedichtbandes *The Burning Wheel.* 1917 hat er für vier Monate einen Bürojob beim Air Board, im Herbst des Jahres kann er sich eine Stelle als Lehrer in Eton sichern.

Es mag erstaunen, daß Aldous Huxley in dieser Zeit nach seinem Studium finanziell vollkommen auf sich selbst gestellt ist. Doch er bekommt keine Unterstützung mehr von seinem Vater und wagt auch vorerst nicht, ihn darum zu bitten. Erst 1919, inzwischen auf einem Tiefpunkt angelangt, leiht er sich Geld von ihm und zahlt es

[4] Osbert Sitwell, zitiert nach Ronald William Clark: The Huxleys. London 1968, S. 169.

[5] Grover Smith (Hrsg.): Letters of Aldous Huxley. London 1969, Letter No. 99 (7 September, 1916).

so bald wie möglich zurück. In seinen Briefen aus diesen Jahren malt Huxley ein – bisweilen übertrieben – düsteres Bild seiner finanziellen Situation: „ Meanwhile, I look about for ways of escaping the work-house.“[6] Oder: „A future of poverty, hunger and dirt looms menacingly.“[7] Oder: „Money is the problem. It haunts me sometimes, the horror of it. I feel myself growing perceptibly poorer every minute. Whether it will ever be solved seems to me extremely doubtful.“[8] Die Lehrerstelle in Eton, die er immerhin von September 1917 bis April 1919 innehat, ist insofern keine Lösung, als sich schon bald herausstellt, daß Aldous Huxley zum Lehrer nur wenig geeignet ist: Die Schüler nutzen seine Sehschwäche und Milde aus, sie gehen ihm über Tische und Bänke; die Schulroutine zehrt ihn aus – er sehnt sich nach kreativer, schriftstellerischer Arbeit.

So wendet er sich 1919 dem literarischen Journalismus zu, arbeitet für Middleton Murrys *Athenaeum*, dann ab 1920 auch als Theaterkritiker für die *Westminster Gazette.* Mittlerweile gilt es nämlich, eine Familie zu ernähren. Im Juli 1919 hat Aldous Huxley die Belgierin Maria Nys geheiratet, die er vor über zweieinhalb Jahren in Garsington kennengelernt, doch in der Zwischenzeit kaum gesehen hatte. Im April 1920 wird ihr erstes und einziges Kind Matthew geboren. Aldous Huxley arbeitet bis an die Grenze seines Leistungsvermögens, zeitweilig hat er drei Jobs auf einmal. Die Folge: „I am excessively busy and overworked. [. . .] But it takes all one's time to make a living.“[9] „I am a total wreck in consequence. [. . .] I shall be damned glad to have a little leisure and breathing space to think and write properly.“[10] Der absolute Tiefpunkt ist erreicht, als sich die *London Life Insurance* im März 1921 weigert, ihn in seinem derzeitigen Gesundheitszustand zu versichern.

In diesen Jahren entwickelt sich, was D. H. Lawrence später „something of an obsession with money“ nennt.[11] Hier wurzelt auch, was vereinzelte Kritiker als Vielschreiberei und Zeilenschinderei gegeißelt haben.[12] Wie auch immer: Huxley war sich sehr wohl bewußt, daß sowohl die dauernde finanzielle Unsicherheit als auch die

[6] Smith (Hrsg.): Letters. Letter No. 92 (30 June, 1916).
[7] Smith (Hrsg.): Letters. Letter No. 150 (25 November, 1918).
[8] Smith (Hrsg.): Letters. Letter No. 151 (1 December, 1918).
[9] Smith (Hrsg.): Letter No. 176 (12 August, 1920).
[10] Smith (Hrsg.): Letters. Letter No. 180 (23 December, 1920).
[11] Vgl. Philip Thody: Aldous Huxley. A Biographical Introduction. London 1973, S. 18.
[12] Z. B. Cyril Connolly: Enemies of Promise. London 1938, reiss. 1973, S. 53.

hektische Betriebsamkeit des Journalismus eine wirklich kreative, schriftstellerische Tätigkeit – die er sich immer gewünscht hatte – unmöglich machten. So begann er ab 1921, sich dem „sordid journalism" in dem Maße zu entziehen, wie es ihm sein wachsender literarischer Ruf erlaubte, selbständig, für sich zu arbeiten.
Er hatte inzwischen drei weitere Gedichtbände veröffentlicht (*Jonah,* 1917; *The Defeat of Youth,* 1918; *Leda,* 1920), dazu den Band *Limbo* (1920), eine Sammlung von Erzählungen und einem kurzen Einakter. Wenn auch die Auflage dieser Titel sehr niedrig gewesen war, so hatten sie ihn doch in den einflußreichen Intellektuellen- und Künstlerkreisen Oxfords und Londons bekannt gemacht – man hielt ihn für einen vielversprechenden jungen Autor. Der große Durchbruch gelingt ihm aber erst mit seinem ersten Roman *Crome Yellow* (1921) – danach, so Huxley, habe er sich keine Sorgen mehr um seinen Lebensunterhalt machen müssen. 1923, nach dem Erzählungsband *Mortal Coils,* schließt er mit den Londoner Verlegern Chatto & Windus einen ersten Dreijahresvertrag. Er verpflichtet sich, in dieser Zeit sechs Bücher zu liefern, drei davon „full-length novels". Dieser Vertrag wird 1926 erneuert, mit günstigeren Tantiemen- und Vorschußbedingungen für Huxley, der auch später, als immer mehr seiner Bücher verkauft werden, seine Position als Vertragsautor noch wesentlich verbessern kann.
Seine wichtigsten Werke der zwanziger Jahre sind, neben dem schon erwähnten *Crome Yellow,* die Romane *Antic Hay* (1923), *Those Barren Leaves* (1925) und *Point Counter Point* (1928), die alle miteinander thematisch eng verwandt sind. Außerdem erscheinen die Essaybände bzw. essayistischen Studien *On the Margin* (1923), *Proper Studies* (1927) und *Do What You Will* (1929), die literarischen Reisenotizen *Along the Road* (1925) und *Jesting Pilate* (1926), sowie die Erzählbände *Little Mexican* (1924) und *Two or Three Graces* (1926). Daß Huxley zusätzlich in Zeitschriften und Magazinen zahlreiche Artikel und Essays veröffentlicht, zeugt für seine ungeheure schriftstellerische Produktivität in diesem Jahrzehnt. Schon Mitte der zwanziger Jahre ist er ein etablierter, äußerst populärer Autor. Edwin Muir stellt 1926 fest: „No other writer of our time has built up a reputation so rapidly and so surely; compared to his rise to acceptance that of Mr. Lawrence and Mr. Eliot has been gradual, almost painful."[13]
Welche inhaltlichen Schwerpunkte und thematischen Stränge sich in Huxleys umfangreichem Werk der zwanziger Jahre finden, soll

---

[13] Zitiert nach William C. Frierson: The English Novel in Transition. 1885–1940. New York 1965, S. 244.

gesondert im dritten Kapitel des vorliegenden Bandes behandelt werden; es sei jedoch vorweggenommen, daß Huxleys nächster großer Roman, sein Bestseller *Brave New World* (1932), keinesfalls jene unvermittelte Singularität ist, die manche Kritiker in dieser negativen Utopie sehen wollen. Vielmehr setzen sich dort, sicher modifiziert, Entwicklungen fort, die schon im Werk der zwanziger Jahre offen zutageliegen: Es gibt keinen Bruch in Huxleys schriftstellerischem Schaffen, und manches in *Brave New World* erscheint in einem anderen Licht, wenn man das Vorhergehende kennt.

Die Huxleys leben, vor allem wegen der niedrigen Lebenshaltungskosten, seit 1923 in Italien, ab 1929 in der Nähe von Paris, dann kaufen sie sich ein Haus in der Provence (1930), lassen sich aber auch ab und zu noch in London sehen. Überhaupt unternehmen sie viele Reisen, sind kaum jemals länger als zwei Monate an einem Ort. Diesen Lebensstil behalten sie in den dreißiger Jahren bei, so daß man sich fragen kann, wann Huxley eigentlich zum Schreiben gekommen ist, zumal er sich 1935 neue Verpflichtungen auflädt: Er wird politisch aktiv, engagiert sich stark in der pazifistischen *Peace Pledge Union,* indem er Vorträge hält und die Anti-Kriegs-Broschüre *What Are You Going To Do About It?* (1936) veröffentlicht. Seine politischen Anschauungen dieser Zeit finden ihren Niederschlag in dem häufig unterschätzten *Ends and Means* (1937), einem „cookery book of reform" (Huxley), in dem – ausgehend von der Einsicht, daß kein politischer Zweck die Mittel heilige, daß vielmehr in jedem Mittel schon das Ziel erscheinen, vorweggenommen sein müsse – einer „piece-meal social reform" das Wort geredet wird, an deren Ende überschaubare, selbstbestimmte Gemeinschaften mit dezentraler Wirtschaftsweise stehen sollen.

In *Ends and Means* finden sich aber auch Gedanken, die schon in dem im Vorjahr erschienenen umfangreichen Roman *Eyeless in Gaza* angeklungen waren: Huxley glaubt nicht, daß sich die Probleme des westlichen Industriekapitalismus – der russische Bolschewismus ist für Huxley keine wirkliche Alternative – allein „diesseitig" lösen lassen. Er interessiert sich zunehmend für Mystik, setzt auf die Kultivierung des „inner self" und postuliert als neues Ideal den „non-attached man", einen Menschen, der, in Kontakt mit der „ultimate reality", nicht an den materiellen Dingen dieser Welt hängt. Versuche, allein die äußeren Bedingungen menschlicher Existenz zu verändern oder die bloße Dauer des Lebens über seine Qualität zu setzen, scheinen ihm nur noch sinnlos und grotesk (vgl. *After Many a Summer Dies the Swan,* 1939). Sein Interesse für Mystik durchzieht auch bestimmend seinen Roman *Time Must Have a Stop* (1944) und kulminiert in *The Perennial Philosophy* (1945), einer Zusammenstellung von ausgewählten mystischen und philosophischen Ideen und Grundsätzen aller Zeiten und Kulturen – vom Taoismus über Plotin zu Meister Eckhart und Jakob Böhme. Wie sich auch ein Mystiker schuldhaft in weltliche Politik verstricken kann, zeichnet Huxley in seiner historischen Studie *Grey Eminence* (1941) nach.

Von 1937 bis zu seinem Tode 1963 lebt Aldous Huxley in Kalifornien, meist in der Gegend von Los Angeles. Die Bewegungstherapie des F. Mathias Alexander und die Augenheilkunde eines gewissen Mr. Bates, die Huxley in *The Art of Seeing* (1942) vorstellt und anpreist, haben schon in den dreißiger Jahren sein körperliches Wohlbefinden merklich gehoben und seine Sehkraft erheblich gestärkt – er kann nun sogar ohne Brille lesen. Die vierziger und fünfziger Jahre sind ausgefüllt mit Vortragsreisen, Konferenzen und neuen Aufgaben: Zwar sind Huxleys Drehbücher nicht ganz nach Hollywoods Geschmack, doch dafür erhält er später Gastprofessuren an führenden amerikanischen Universitäten. Wegen seiner umfassenden Bildung, seiner immensen Belesenheit, seines klaren, wachen Verstandes und seines ungebrochenen Engagements für eine bessere Zukunft und eine menschlichere Gesellschaft ist der „arch-highbrow" Huxley in diesen zwei Jahrzehnten ein vielgefragter Redner und Kommentator. Als mahnender Kulturkritiker erweist er sich unter anderem in *Science, Liberty and Peace* (1946), *Brave New World Revisited* (1958) und *Literature and Science* (1963). Mit seiner Horrorvision *Ape and Essence* (1948), in der die Welt nach einem Atomkrieg geschildert wird, der historisch-psychologischen Studie *The Devils of Loudun* (1952) und dem Kurzroman *The Genius and the Goddess* (1955) kann er jedoch ebensowenig an seine großen literarischen Erfolge der zwanziger und dreißiger Jahre anknüpfen wie mit seinem letzten großen Roman, der positiven Utopie *Island* (1962), die er – da es sich um den Versuch einer Synthese seiner mystischen und sozialreformerischen Ideen handelt – für die Summe seines Denkens und Wirkens hält. Die zurückhaltende Aufnahme durch Kritik und Publikum trifft ihn schwer. Die Öffentlichkeit interessiert sich offenbar eher für seine Selbstversuche mit LSD und Mescalin, wie er sie beeindruckend in *The Doors of Perception* (1954) und *Heaven and Hell* (1956) beschrieben hat.

Aldous Huxley, der 1956 seine erste Frau Maria durch Krebs verloren hatte, stirbt am 22. November 1963 in Los Angeles, ebenfalls an Krebs. Sein Tod wird in den Medien kaum beachtet, denn am selben Tag fällt der amerikanische Präsident John F. Kennedy in Dallas einem politischen Attentat zum Opfer.

II. Huxleys Werk der zwanziger Jahre: Thematische Stränge und Entwicklungen

Wie im Vorwort bereits angekündigt, soll im folgenden gezeigt werden, wie bestimmte Themen und Ideen – die dann später in *Brave New World* zu etwas Neuem verknüpft werden – schon in Huxleys Werk der zwanziger Jahre immer wieder auftreten, mal peripher, mal zentral, leicht variiert oder anders akzentuiert. Es geht hier also um eine grundlegende inhaltliche Kontinuität des Huxley'schen Schaffens in dieser Periode, darum, daß sich *Brave New World* in mancher seiner Veröffentlichungen der zwanziger Jahre schon andeutet. Dabei liegt auf der Hand, daß eine solche Skizze, die mit Blick auf *Brave New World* angefertigt wird, selektiv sein muß, daß sie der Eigenart der einzelnen Werke nicht voll gerecht werden kann, und erst gar nicht versucht, umfassende Interpretationen zu liefern: Ziel bleibt das Verständnis von *Brave New World.*
Aldous Huxleys erster Roman *Crome Yellow* wurde nach seinem Erscheinen 1921 von Kritikern und Lesern überaus positiv aufgenommen. Sie mochten die beschwingte Leichtigkeit und den geistreichen Spott des jungen Autors. Nur die Garsington-Clique um Lady Ottoline Morrell reagierte verstimmt: Man fühlte sich verletzend karikiert. Denn der Roman spielt auf dem Landsitz Crome, wo sich Intellektuelle, Künstler und reiche Müßiggänger ein Stelldichein geben, um sich mit kultivierten Gesprächen oder selbstbezogenen Monologen die Zeit zu vertreiben. Eine eigentliche Handlung hat der Roman nicht; die Episoden sind locker verknüpft und geben den Figuren reichlich Gelegenheit, ihre unterschiedlichen Ansichten und Philosophien über Gott und die Welt zum besten zu geben. Diese Romanfiguren treten dem Leser in erster Linie als Träger von Ideen und Weltanschauungen gegenüber, was ihnen – bei allem Witz in der Präsentation – etwas Starres, Typenhaftes gibt. *Crome Yellow* ist also ein sogenannter *Ideenroman*, wie er im 19. Jahrhundert vor allem von Thomas Love Peacock geschrieben wurde. Wie bei Peacock ist aber auch bei Huxley das Spiel der Ideen kein reines Spiel: Sie werden, satirisch überspitzt, nebeneinander gesetzt, um sich gegenseitig zu entlarven – daher der respektlose Ton des Romans. Der Hintergrund ist jedoch ernst: Es geht um die Suche nach Sinn, nach einem ausgefüllten Leben in einer Welt, die aus den

Fugen geraten scheint. Um so ernüchternder, wenn sich alle vermeintlichen Lösungen als lächerliche Schein-Lösungen entpuppen. In diesem Nachkriegsroman übertönt der Spott kaum die tiefgreifende Desillusionierung, die Huxley zuvor schon in Erzählungen und Gedichten – der Titel *The Defeat of Youth* spricht wohl für sich – thematisiert hatte.

Protagonist von *Crome Yellow* ist der gehemmte junge Dichter Denis Stone, ein sprachverliebter „clever young man", der, überaus kopflastig, viel zu sehr mit sich selbst beschäftigt ist, als daß er noch spontan auf andere zugehen könnte. Er wäre so gerne ein „man of action", doch jeder Schritt muß erst gründlich reflektiert sein – und dann ist es meist schon zu spät. Kein Wunder, daß er sich im wohlgeordneten Reich der Ideen eher zu Hause fühlt als in der rauhen Wirklichkeit, die so bedrohlich unübersichtlich ist, und in der er sich doch nur immer wieder blamiert. Denis Stone – eine Art Selbstporträt, wie Huxley später einräumte – ist der erste in der langen Reihe der typischen *Huxley-heroes*: ein an sich und der Wirklichkeit leidender Intellektueller auf der Sinnsuche; ein Intellektueller, dem seine Existenz problematisch geworden ist. Die Figur des Henry Wimbush in *Crome Yellow* ist nur eine Variante dieses Huxley'schen Grundthemas. Er verschanzt sich hinter seinen historischen Studien und lebt ganz in seiner Bücherwelt und in der Vergangenheit. Lebende Menschen und die Gegenwart stoßen ihn ab, wie überhaupt, trotz des vielen Redens auf Crome, der Eindruck vermittelt wird, daß man sich im Grunde nichts zu sagen hat.

Ein direkter Bezug auf die Thematik von *Brave New World* ist dadurch gegeben, daß im fünften und zweiundzwanzigsten Kapitel von *Crome Yellow* der dritte Intellektuelle im Bunde, der alte Zyniker Scogan, seine Vision eines „rationalen" Zukunftsstaates schildert: In der Zukunft, so der Natur-Hasser Scogan, werde es dank der Empfängnisverhütung zu einer Trennung von Eros und Fortpflanzung kommen: „An impersonal generation will take the place of Nature's hideous system. In vast state incubators, rows upon rows of gravid bottles will supply the world with the population it requires. The family system will disappear; society, sapped at its very base, will have to find new foundations; [. . .]."[1] Die Parallele zu *Brave New World* geht noch weiter, denn auch Scogans zukünftige Gesellschaft ist streng hierarchisch aufgebaut. An der Spitze steht die Elite der „Directing Intelligences", darunter die Gruppe der „Men of Faith",

---

[1] Aldous Huxley: Crome Yellow. Harmondsworth 1936, repr. 1974, S. 28. Im folgenden *CY* abgekürzt.

leicht zu fanatisierende Enthusiasten, die von den Machthabern lediglich als Werkzeuge benutzt werden, darunter die große Masse, der jede Intelligenz abgesprochen wird. Sie sind schlicht „the Herd". Die Stabilität dieser pyramidenförmigen Gesellschaftsordnung wird dadurch sichergestellt, daß die Elite nichts dem Zufall überläßt, sondern früh mit systematischer Konditionierung und Suggestion beginnt: „Duly labelled and docketed, the child will be given the education suitable to members of its species, and will be set, in adult life, to perform those functions which human beings in his variety are capable of performing" (*CY*, 129). Der Masse muß vor allem eingetrichtert werden, daß sie nur in Arbeit und Gehorsam ihr Glück finde – bis sie es glaubt: „[. . .] they will be marvelously happy, happier than any race of men has ever been. They will go through life in a rosy state of intoxication, from which they will never awake" (*CY*, 131). Der privilegierte *leisure-classe intellectual* Scogan rechtfertigt an anderer Stelle allgemein extreme soziale Ungleichheit damit, daß nur an der Spitze solcher Gesellschaften Freiraum für „Kultur" entstehe (vgl. *CY*, 57/58, 132).
Nun wird aber dieser Gesellschaftsentwurf in *Crome Yellow* als reine Kompensation entlarvt: Scogan leidet unsäglich darunter, daß er in Wirklichkeit keine Macht hat, daß niemand auf ihn hört, obwohl er doch im Besitze der Weisheit ist:

> ‚In a sane world I should be a great man; as things are, in this curious establishment, I am nothing at all; to all intents and purposes I don't exist. I am just *Vox et praeterea nihil.* [. . .] Wherever the choice has had to be made between the man of reason and the madman, the world has unhesitatingly followed the madman. For the madman appeals to what is fundamental, to passion and to the instincts; the philosopher to what is superficial and supererogatory – reason.' (*CY*, 126)

Hier spricht ein bitter Frustierter. Die Utopie wird als megalomanischer Machttraum des faktisch einflußlosen Intellektuellen demaskiert; sie ist Ausdruck seiner Misere, verweist also auf die Schwäche des Utopisten, nicht auf die einer gegenwärtigen Gesellschaft.
In *Antic Hay*, Huxleys zweitem Roman, ist der Ton deutlich düsterer, die Satire schärfer geworden. Die Kritik beklagte zunächst die Obszönität und Blaspehmie des jungen Autors sowie seinen vermeintlichen Nihilismus – er zeige seinen Lesern ein „waste-land of the spirit"[2]. Doch während offenbar vor allem die Älteren ihre

---

[2] Frederick R. Karl: The Play within the novel in Antic Hay. In: Renascence, 13 (1961), S. 59–68, hier S. 61.

Schwierigkeiten mit dem Buch hatten (Leonard Huxley: „distasteful“[3]), scheint die jüngere Kriegs-Generation es eher begeistert aufgenommen zu haben: In diesem trostlosen Gruppenbild mit zerstörter Werte-Ordnung erkannte sie sich wieder.

Antic Hay spielt in der Stadt, nicht mehr auf einem idyllischen, weltentrückten Landsitz; alle Figuren gehen einem (meist intellektuellen) Beruf nach – die reine Gesprächsrunde von *Crome Yellow* ist nun explizit sozial verankert. Hauptfigur ist Gumbril Junior, der in vielen Zügen an Denis Stone erinnert. Zu Beginn des Romanes kündigt er seine unbefriedigende Lehrerstelle, um sich fortan der gewinnversprechenden Vermarktung seiner Erfindung zu widmen: Hosen mit eingenähten, aufblasbaren Pneus gegen harte Sitzgelegenheiten. Er erhofft sich ein Vermögen und dadurch die Realisierung seiner Traumexistenz: Frauen, umfassende Bildung, die Achtung seiner Zeitgenossen vor seinem Genie. Aus seiner bisherigen Tätigkeit konnte all das nicht folgen, sie gab nicht einmal ihm selbst das Gefühl, bedeutend zu sein. Vorerst ist der unsichere, nachgiebige Gumbril Junior aber darauf angewiesen, sich einen künstlichen Bart anzukleben und die Schultern seines Mantels auszustaffieren, um einen energischen, selbstbewußten „complete man“ zu mimen – Identitätsstärkung qua Maskerade. Doch es funktioniert: Tatsächlich begegnet man ihm nun schon ganz anders – der Schein triumphiert, in Liebes- und Geschäftsdingen stellen sich erste Erfolge ein.

Diesen Hang zur Rollenspielerei teilt Gumbril Junior mit anderen Romanfiguren, die ebenfalls ihre Existenz und Tätigkeiten als unbefriedigend empfinden, keine sichere Identität entwickelt haben und diese Misere nun spielerisch, indem sie sich in Pseudo-Identitäten hineinsteigern, zu bewältigen suchen (Lypiatt, Rosie Shearwater). Andere Figuren erstarren in fester, lebloser Pose, wie der widerliche Feuilletonist Mercaptan oder der fachidiotische Physiologe Shearwater, der prompt der durch den Weltkrieg zur gefühllosen *femme fatale* gewordenen Myra Viveash verfällt. Wieder andere werden uns als beklagenswerte Psycho-Fälle präsentiert – etwa der permanent lästernde „Satanist“ Coleman, der in seinem ganzen Verhalten demonstriert, daß er (nur unter veränderten Vorzeichen) immer noch von einem dualistisch-religiösen Denken geradezu besessen ist; oder die liebenswert-naive Emily, ein sexual-psychologischer Lehrbuchfall. Kurz: *Antic Hay* zeigt eine Gruppe von Intellektuellen und Künstlern im London der Nachkriegszeit, die sich allesamt – wenn

---

[3] Vgl. Aldous Huxleys Brief an seinen Vater in Smith (Hrsg.): Letters. Letter No. 210 (26 November, 1923).

sie nicht resigniert oder verlogen sind – auf der Suche nach Sinn, nach einer anderen, befriedigenden Existenz befinden; aber alle ihre Ansätze werden als absurd, grotesk, lächerlich oder krankhaft entlarvt – ein Bild der Sinn- und Orientierungslosigkeit.
Ein Bezug auf *Brave New World* ist doppelt gegeben, zum einen durch Gumbril Juniors Überlegungen zu seinem Platz in der Gesellschaft, zum anderen durch längere Ausführungen zum Problem der modernen Bewußtseins- und Freizeitindustrie. Gumbril Junior hat keinen sozialen „sense of belonging“: Zwar ist er eindeutig privilegiert, aber da er sich fragt, ob es überhaupt moralisch gerechtfertigt ist, Privilegien zu besitzen angesichts von Elend, Hunger und Not, zählt er sich selbst nicht zu den „Best People“, die ihre soziale Stellung wie selbstverständlich innehaben und keinerlei soziales Gewissen zeigen. Gumbril Junior ist gleichsam sozial entwurzelt, fühlt sich mal hier, mal dort einer Gruppe zugehörig, aber immer nur zeitweilig, ohne Kontinuität, ohne Identität. In der Situation der Desorientierung ist ihm auch die simple Soziologie des Schneidermeisters Mr. Bojanus keine Hilfe: Menschen seien entweder Führernaturen oder gehörten zur Herde – Scogan läßt grüßen. Doch der unsichere Gumbril fühlt sich nicht als Führer, gar als zukünftiges Mitglied der „Directing Intelligences“. Gehört er also zur Herde? Er ist sich nicht sicher, sieht sich als temporäres Mitglied verschiedener „Herden“. Die Frage bleibt offen.
Der zweite Punkt, die Bedeutung der modernen Bewußtseins- und Freizeitindustrie, ist wichtiger. Wieder ist es Bojanus, der ein heikles Thema anspricht: Wie könne man überhaupt von Freiheit des Menschen und politischer Emanzipation reden, solange die grundlegende Notwendigkeit der *Arbeit* fortbestehe? Weiter:

> ‚And then, Mr Gumbril, even suppose you could somehow get rid of the necessity of working, suppose a man's time were all leisure. Would he be free then? [...] I say he would not. [...] Because he wouldn't know how to occupy his leisure except in some way that would be forced on 'im by other people. People don't know 'ow to entertain themselves now; they leave it to other people to do it for them. They swallow what's given them. They 'ave to swallow it, whether they like it or not. Cinemas, newspapers, magazines, gramophones, football matches, wireless, telephones – take them or leave them, if you want to amuse yourself. The ordinary man can't leave them. He takes; and what's that but slavery?‘[4]

Gegeißelt wird also eine anti-emanzipatorische „Massenkultur“, die, fabriziert von der Bewußtseinsindustrie, im Verein mit entmenschli-

[4] Aldous Huxley: Antic Hay. Harmondsworth 1948, repr. 1976, S. 37.

chenden Produktionsverhältnissen die Entfremdung und Passivität des Menschen festschreibt, wie Huxley auch schon in seinem Essay „Pleasures" ausgeführt hatte:

> The working hours of the day are already, for the great majority of human beings, occupied in the performance of purely mechanical tasks in which no mental effort, no individuality, no initiative are required. And now, in the hours of leisure, we turn to distractions as mechanically stereotyped and demanding as little intelligence and initiative as does our work. Add such leisure to such work and the sum is a perfect day which it is a blessed relief to come to the end of.[5]

Die Masse bleibt Objekt in Arbeit und Freizeit, Ausbrüche aus diesem manipulativen Zwangssystem sind allenfalls noch individuell denkbar.

Solche Systemstabilisierung durch systematische Verdummung ist aber nur möglich, wenn vorher der Boden bereitet ist, entweder durch abstumpfende Arbeit oder, wie bei Huxleys intellektuellen Protagonisten (nicht nur in *Antic Hay)*, durch akut empfundene Sinnlosigkeit: Seine „Helden" stürzen sich in den Vergnügungsrummel, jagen zwanghaft „good times" hinterher, damit ja nicht jene Stille eintritt, in der der latente Schmerz und die Absurdität des Ganzen zu Bewußtsein kämen. Huxley sieht Vergnügungssucht immer unter dem Aspekt der Bewußtseinsbetäubung und somit als soziales Datum, das auf fundamentale gesellschaftliche Mißstände verweist. Wie jede andere Sucht verlangt auch die Jagd nach „fun" nach immer stärkeren Reizen und birgt so automatisch die Gefahr des *ennui,* der Langeweile oder *accidie,* die Huxley ebenfalls nicht als modische Randerscheinung abtut, sondern als bezeichnendes sozialhistorisches Phänomen begreift:

> Other epochs have witnessed disasters, have had to suffer disillusionment; but in no century have the disillusionments followed on one another's heels with such an unintermitted rapidity as in the twentieth, for the good reason that in no century has change been so rapid and profound. The *mal du siècle* was an inevitable evil; indeed, we can claim with a certain pride that we have a right to our accidie.[6]

Ennui und *fascinatio nugacitatis* (Fricker), also die Lockung des Trivialen und Vergänglichen, gelten Huxley als Symptome einer Gesellschaft, die tagtäglich der Welt von Voltaires *Candide* ähnlicher

---

[5] Aldous Huxley: On the Margin. London, 1923, 1971, S. 51.
[6] Huxley: On the Margin. S. 25.

wird (vgl. „On Re-reading *Candide*“, in *On the Margin*), für deren Perpetuierung aber auch systematisch gesorgt wird.
Dieses „problem of leisure“ ist ein Huxley'sches Standardthema der zwanziger Jahre. So entwickelt er z. B. auch in seinem Essay „Work and Leisure“ (1925), daß eine bloße Reduzierung der Arbeitszeit bei unveränderten Rahmenbedingungen keineswegs die von Reformern erhoffte befreiende Wirkung haben werde:

> If, to-morrow or a couple of generations hence, it were made possible for all human beings to lead the life of leisure which is now led only by a few, the results, so far as I can see, would be as follows: There would be an enormous increase in the demand for such time-killers and substitutes for thought as newspapers, films, fiction, cheap means of communication and wireless telephones; to put it in more general terms, there would be an increase in the demand for sport und art. The interest in the fine art of love-making would be wideley extended. And enormous numbers of people, hitherto immune from these mental and moral diseases, would be afflicted by ennui, depression and universal dissatisfaction. The fact is that, brought up as they are at the present, the majority of human beings can hardly fail to devote their leisure to occupations which, if not positively vicious, are at least stupid, futile, and what is worse, secretly realized to be futile.[7]

Eine Erziehung zur Freizeit und Freiheit hält er für kaum möglich. Zwar stünde die „science of education“ erst am Anfang, doch gewisse, genetisch vorgegebene Entwicklungsgrenzen werde auch sie nicht überwinden können: „But our enthusiasm for education is a little cooled when we consider what *is* the maximum development attainable by the greatest number of human beings. Men born with talents are to men born without them as human beings are to dogs in respect to these particular faculties. Mathematically, I am a dog compared with Newton; [. . .].“[8] Man sieht: Huxleys Skepsis, die ihn „the problem of leisure“ als eines der wichtigsten unserer Epoche begreifen läßt, ist wesentlich biologisch-deterministisch fundiert, genauer: Er glaubt, daß unverrückbare biologische Tatsachen auf unheilvolle Weise mit erniedrigenden sozio-historischen Bedingungen zusammenwirken. Dieser Strang seines Denkens wird in der zweiten Hälfte der zwanziger Jahre immer mehr in den Vordergrund seines Œuvres treten – und in *Brave New World* natürlich ein Hauptthema abgeben.
Doch bei Huxley ist das „problem of leisure“ nicht nur mit der Frage

[7] Aldous Huxley: Along the Road. London 1925, 1974, S. 240.
[8] Huxley: Along the Road. S. 243.

nach der biologischen Verfaßtheit des Menschen verknüpft, sondern auch mit dem Problem der Sexualität. Schon in dem längeren der obigen Zitate kommt ja zum Ausdruck, daß nach Huxley Sex und Liebe zu den wichtigsten Freizeitbeschäftigungen gehören, also, wie andere Vergnügungen auch, dem „Law of diminishing returns“ unterliegen: Je mehr man sie betreibt, desto fader wird der Genuß – am Ende stehen auch hier, so Huxley, der ganz oberflächliche Zeitvertreib und die Langeweile. Dies um so mehr, als Huxley den Reiz des Sex ganz wesentlich im Übertreten einschränkender Verbote sieht: Erst sie, so läßt er eine Figur in seinem dritten Roman *Those Barren Leaves* sagen, machten die Sache interessant; Liberalisierung und die Abschaffung repressiver Normen zögen unweigerlich nur wieder Langeweile und Reizlosigkeit nach sich.[9] Nostalgisch sehnt man sich nach der reizsteigernden Prüderie des Viktorianismus und kann sich nicht vorstellen, daß Sexualität aus sich lustvoll und sinnerfüllt sein könnte.

Da die Frage freigegebener Sexualität ja unstreitig ein weiteres Hauptthema von *Brave New World* ist, bietet es sich an, kurz zu skizzieren, welche Behandlung dieser Punkt schon vorher erfahren hat. Der schon erwähnte dritte Huxley-Roman, *Those Barren Leaves,* liefert dazu eine Fülle repräsentativen Materials. Sexualität wird hier durchgehend negativ oder problematisch dargestellt. Ob es sich um den Ex-Playboy Calamy handelt, der Liebe nur als Zeitvertreib oder als erniedrigende Versklavung kennt und, von der Seichtheit seiner Affären abgestoßen, nun tieferen Sinn in meditativer Selbstversenkung sucht; oder um den desillusionierten Literaten Chelifer, dem seine idealisierte, vergeistigte Gehirnsinnlichkeit von der prosaischen Wirklichkeit sehr bald ausgetrieben wird – immer ist Sexualität hier eine Herausforderung für den Verstandesmenschen, etwas, das sich rationaler Kontrolle weitgehend entzieht. Sie wird als niederzuringender Gegner gezeichnet – der Körper als Antagonist des Kopfes –, dessen Triumph Selbstaufgabe hieße, weil der Kopfmensch in seinem Selbstverständnis vernichtet wäre. So stellt sich bei Huxleys Protagonisten ein Ekel vor der eigenen Körperlichkeit ein; was eigentlich ein Konflikt zwischen ihren Bedürfnissen und ihren Befriedigungsmöglichkeiten ist, wird verinnerlicht zum „ewigen“ Antagonismus zwischen „Geist“ und „Fleisch“.

Solche Ent-wertung der Liebe ist aber für Huxley nur ein Beispiel für eine viel umfassendere Entwicklung: Alle überkommenen Werte –

---

[9] Vgl. Aldous Huxley: Those Barren Leaves. London 1925, 1969, S. 36–39. Im folgenden *TBL* abgekürzt.

Kunst, Vernunft, Philanthropie usw. – sind fragwürdig geworden, nichts ist mehr sicher. Dieser Prozeß der Ent-wertung hat zwei Seiten, eine subjektiv-individuelle und eine objektiv-gesellschaftliche. Subjektiv läuft er, nach Huxley, so ab: Ein junger, idealistischer Mensch, der seine hehren Vorstellungen in der Regel aus Büchern gewonnen hat, muß schmerzlich erfahren, daß die Wirklichkeit leider anders, viel schlimmer ist – sein Idealismus schlägt daraufhin in Zynismus um, er wird ein „umgedrehter Romantiker":

> There are certain sensitive and idealistic people in whom the discovery that the world is what it is brings on a sudden and violent reaction towards cynicism. From soaring in spheres of ideal purity they rush down into the mud, rub their noses in it, eat it, bathe and wallow. They lacerate their own highest feelings and delight in the pain. They take pleasure in defiling the things which before they thought beautiful and noble; they pore with a disgusted attention over the foul entrails of things whose smooth and lovely skin was what they had once worshipped.[10]

Solch ein Charakter ist der oben erwähnte Francis Chelifer, Hauptfigur in *Those Barren Leaves.* Untrennbar verbunden sind bei ihm die Verleugnung seiner alten Ideale und ein masochistischer Kult des Faktischen: Alles Bestehende, Durchschnittliche, Mittelmäßige wird akzeptiert und für gut befunden, allein weil es ist. Chelifers Leben ist eine einzige Kette von Selbstbestrafungen für vergangene idealistische Höhenflüge. Seine frei gewählte Arbeit als Chefredakteur des Mitteilungsblattes der Kaninchenfreunde bedeutet permanente Selbstverneinung des Intellektuellen, seine Einquartierung in der Pension der bornierten Miss Carruthers einen selbstverordneten Abstieg in die Niederungen der Wirklichkeit der bürgerlichen Gesellschaft. Das neue Ziel heißt nicht mehr Selbstverwirklichung, sondern Selbst*ent*wirklichung, totale Anpassung an das Übliche. Die Zukunft reduziert sich auf die Wiederholung des ewig Gleichen. Die Diskrepanz zwischen Ideal und Wirklichkeit wird nicht aufgehoben durch Verwirklichung des Ideals, sondern durch Idealisierung der Wirklichkeit. Das ist aber ein Vorgang, der noch schmerzhaft durchlebt wird, der bei Huxley wie bei seinem fiktionalen Stellvertreter Chelifer auf Verlust hinweist. Nicht umsonst ist Huxley ein frustrierter Viktorianer genannt worden – „[his] idol smashing begins at home: the values of the intellectual and the artist are those he most systematically disparages"[11].

---

[10] Aldous Huxley: Little Mecixan. London 1924, 1973, S. 123.

[11] Charles J. Rolo: Introduction. In: The World of Aldous Huxley. An

Doch diesem subjektiven Frustrationsprozeß des intellektuellen Idealisten entspricht ja auch bei Huxley eine objektive Tendenz. Die Kunst ist beispielsweise nicht nur entwertet durch Kommerzialisierung und kompromittiert durch die gesellschaftlichen Umstände ihrer Entstehung (sie blüht auf dem Elend von Millionen)[12]; sie ist auch entzaubert durch die Freud'sche Psychologie, mit deren „herabziehenden“ Erklärungsweisen Huxley nur allzu gerne kokettiert.[13] Noch beunruhigender ist aber – für Huxley wie für sein „Sprachrohr“ Chelifer, denn Huxley hat hier Aspekte seines Denkens zu eigenständigen Figuren gemacht, so daß der Ideenroman *Those Barren Leaves* zu einem „working model for his inner debate“ wird[14] –, daß eine galoppierende „Verbürgerlichung“ der Welt zu beobachten ist, ein Prozeß, in dem alles Individuelle durch Massenmedien, Massentourismus und Freizeitindustrie nivelliert wird. Am Ende steht eine Welt voller glücklich-bornierter Babbitts, die alle gleichgeschaltet sind: „In a few generations it may be that the whole planet will be covered by one vast American-speaking tribe, composed of innumerable individuals, all thinking and acting in exactly the same way, like the characters in a novel by Sinclair Lewis“ (*TBL,* 372). Die Menschheit wäre zurückgeworfen auf „Stammesniveau“, hätte jede echte Individualität, jedes selbständige Denken aufgegeben – was auch, so der Zyniker Cardan, endlich die oft gewünschte soziale Stabilität zur Folge hätte: Stabilität durch Gleichschaltung und organisierte Verdummung, ein Zustand, den er beileibe nicht bedauerlich findet, denn er hält ohnehin die meisten Menschen für freiheitsunfähig (vgl. *TBL,* 291, 371–373).
Der resignierte Chelifer, der auch schon mit der Idee gespielt hatte, in Zukunft sollten planmäßig dumme Arbeiter gezüchtet werden (vgl. *TBL,* 105), hält es für unaufrichtig und auch gar nicht möglich, sich dieser rapiden Gleichschaltung entziehen zu wollen: Eine

---

Omnibus of his Fiction and Non-fiction Over Three Decades. Hrsg. von C. J. Rolo. New York/London 1947, S. VII–XXV, hier S. XV. – Vgl. David Daiches: The Novels of Aldous Huxley. In: New Republic, 100 (1 Nov., 1939), S. 362–365; ders.: The Novel and the Modern World. Chicago 1939. Ebenso Christoph Bode: Intellektualismus und Entfremdung. Das Bild des Intellektuellen in den frühen Romanen Aldous Huxleys. Bonn 1979, S. 221–226.

[12] Vgl. Huxley: Those Barren Leaves, S. 291; George Woodcock: Dawn and the Darkest Hour. A Study of Aldous Huxley. London 1972, S. 22, 121.

[13] Vgl. Huxley: Those Barren Leaves, S. 288/289; Along the Road, S. 164/165.

[14] Alexander Henderson: Aldous Huxley. London 1935, S. 142.

Flucht in andere Gegenden der Welt würde nur einen kurzen Aufschub bedeuten, eine Flucht in die Zukunft – etwa indem man für eine ideale utopische Gesellschaft arbeite – würde an der Gegenwart nichts ändern, und überhaupt, so fragt er sich, ist die Zielsetzung einer Utopie nicht ein Widerspruch in sich? „Do people want to be happy? If there were a real prospect of achieving a permanent and unvarying happiness, wouldn't they shrink in horror from the boring consummation?" (*TBL*, 94). Ähnlich läßt Huxley seine Figur Kingham in *Two or Three Graces* argumentieren:

> ,I have no patience with those silly prophets and Utopia-mongers who offer us prospects of uninterrupted happiness. [. . .] Are they too stupid even to realize their own stupidity? Can't they see that if happiness were uninterrupted and well-being universal, these things would cease to be happiness and well-being and become merely boredom and daily bread, daily business, *Daily Mail*?'[15]

Und dann klingt verstärkt *Brave New World*-Thematik an, wenn auch in der Perspektive variiert: „Are they too stupid to see that, in order to know happiness and virtue, men must also know misery and sin? The Utopia I offer is a world where happiness and unhappiness are more intense, where they more rapidly and violently alternate than here, with us."[16]

Doch in *Those Barren Leaves* gibt es keinen solchen Hoffnungsschimmer. Die Utopie ist erledigt, weil sich die Idee des Fortschritts selbst *ad absurdum* geführt hat:

> Q. What ist progress?
> A. Progress is stockbrokers, more stockbrokers and still more stockbrokers.
> Q. What is the aim or social reformers?
> A. The aim of social reformers is to create a state in which every individual enjoys the greatest possible amount of freedom and leisure.
> Q. What will the citizens of this reformed state do with their freedom and leisure?
> A. They will do, presumably, what the stockbrokers do with these things to-day, *e. g.* spend the week-end at Brighton, ride rapidly in motor vehicles and go to the theatre.
> Q. On what condition can I live a life of contentment?
> A. On the condition that you do not think.
> Q. What ist the function of newspapers, cinemas, radios, motorbikes, jazz bands etc.?

---

[15] Aldous Huxley: Two or Three Graces. London 1926, 1963, S. 178.
[16] Huxley: Two or Three Graces, S. 178.

> A. The function of these things is the prevention of thought and the killing of time. They are the most powerful instruments of human happiness.
> Q. What did Buddha consider the most deadly of the deadly sins?
> A. Unawareness, stupidity. (*TBL,* 107)

Chelifer wird in Selbstbeschränkung verharren, in der versteinerten Pose des frustrierten Idealisten. Calamy wird sich auf sich selbst zurückziehen, die Lösung seiner Existenzprobleme individuell in seinem Kopf suchen – eine aktive Veränderung der Umstände aus dem Geist des Ideals wird nicht ins Auge gefaßt. Huxley selbst begnügt sich damit, die Probleme in neuer Schärfe zu formulieren; mögliche Lösungen, die er sich jedoch nicht einfach zu eigen macht, setzt er wie gewohnt nebeneinander, damit sie gegenseitig ihre Schwachstellen beleuchten – in der Regel eben mit niederschmetterndem Ergebnis.

Im Herbst des Jahres 1926 erscheint Huxleys *Jesting Pilate,* literarisches Ergebnis einer zehnmonatigen Weltreise, die ihn zuvor an der Seite seiner Frau unter anderem nach Indien, Japan und in die USA geführt hatte. Seine essayistischen Reisenotizen dokumentieren eine fortschreitende Verunsicherung, er kehrt mit weniger festen Überzeugungen heim: „So the journey is over and I am back again where I started, richer by much experience and poorer by many exploded convictions, many perished certainties."[17] In unmißverständlicher Weise macht der privilegierte Autor („That I and my privileged fellows should be tolerated by our own people seems to me strange enough", *JP,* 10) neben dem britischen Kolonialismus in erster Linie mittelöstliche Religion und Mystizismus für das empörende indische Massenelend verantwortlich: „They do not know better; they *are* used to this life; they are incredibly resigned. All the more shame to the men and to the system that have reduced them to such an existence and kept them from knowing anything better" (*JP,* 22). An einer anderen Stelle nennt er einen Slum eine Ursünde, weil dort den Menschen jegliche Entwicklungsmöglichkeit genommen sei. Seine eigene politische Einstellung bezeichnet er in *Jesting Pilate* wiederholt als liberal, „Fabian und mildly labourite", doch das relativiert er sogleich: Solche Meinungen seien ja bloß das Ergebnis von Erziehung und persönlichen Umständen, im Grunde sei er eigentlich unpolitisch (vgl. *JP,* 50, 113–115, 259) – was ihn nicht hindert, kritisch anzumerken, das politische System Englands habe

---

[17] Aldous Huxley: Jesting Pilate. London 1926, 1930, S. 287. Im folgenden *JP* abgekürzt.

recht wenig mit Demokratie zu tun (an deren Vorzügen und Realisierungsmöglichkeiten er sowieso zweifelt), unter anderem auch, weil wirtschaftliche Macht unweigerlich politische Macht nach sich ziehe: „Be rich, control your country's finance and industry, and you will find that you have political leadership thrown in as a casual perquisite" (*JP*, 114; vgl. auch 116, 136/137).

Konfrontiert mit dem asiatischen Elend, entdeckt Huxley die Vorzüge des westlichen „Materialismus". Während der Überfahrt im Südchinesischen Meer liest er mit wachsender Begeisterung Henry Fords Autobiographie: „In theses seas, and to one fresh from India and Indian ‚spirituality', Indian dirt and religion, Ford seems a greater man than Buddha. [. . .] One is all for religion until one visits a really religious country. There, one is all for drains, machinery and the minimum wage" (*JP*, 214). Doch Skepsis bleibt: „In Europe, on the other hand, and still more, no doubt, in America, the Way of Gautama has all the appearance of the way of Salvation. [. . .] To travel is to discover that everybody is wrong" (*JP*, 214). Trotz dieser Vorahnung trifft ihn Kalifornien wie ein Schlag. Los Angeles ist für ihn „The City of Dreadful Joy": „And what joy! the joy of rushing about, of always being busy, of having no time to think, of being too rich to doubt. The joy of shouting and bantering, of dancing and for ever dancing to the noise of savage music, of lustily singing" (*JP*, 267). Angewidert sieht Huxley seine schlimmsten Befürchtungen zutreffen: Der unglaubliche Reichtum der Stadt korrespondiert mit der unsäglichen Oberflächlichkeit ihrer Einwohner und der schockierenden Banalität ihrer Aktivitäten; den ungemein attraktiven „flappers" fehlt aber auch jede geistige Tiefe; die Religion ist kommerzialisiert, das Vergnüngen restlos organisiert (und damit standardisiert); die alten Werte sind *ad acta* gelegt. Huxleys „Los Angeles. A Rhapsody" (*JP*, 261–271) ist in der Tat eine weitere Skizze zu *Brave New World*: „Stupidity, suggestibility and business are held up as supremely precious" (*JP*, 280).

Wie Huxley auch in seinem Essay „The Outlook for American Culture" (1927) klarstellt, sieht er in der Zukunft Amerikas die Zukunft der Welt:

> Material circumstances are driving all nations along the path in which America is going. [. . .] For good or for evil, it seems that the world must be Americanized. [. . .] Studying the good and the evil features in American life, we are studying, in a generally more definite and highly developed form, the good and the evil features of the world's present and immediately coming civilization. Speculating on the American future, we are speculating on the future of civilized man. [. . .] Prophe-

cies of the future, if they are to be intelligent, not merely fantastic, must be based on a study of the present. The future is the present projected.[18]

Seine Analyse verheißt nichts Gutes: Zwar sieht er die emanzipatorischen *Möglichkeiten* einer industriellen Gesellschaft („Universal leisure and variety of impressions make possible a rich universal culture. Machinery has set up a tendency towards the realization of a fuller life.“[19]), doch die Mehrheit der Menschen wolle gar kein „fuller“ oder „higher life“ führen, wolle nur seichte Ablenkung. Die „culture-haters“ hätten mit den neuen Massenmedien mächtige Mittel zur systematischen Verdummung zur Hand:

All the resources of science are applied in order that imbecility may flourish and vulgarity cover the whole earth. [...] Recreation is provided ready-made by enormous joint-stock companies. [...] Iron, oil and textiles are controlled by a few trusts. The same is coming to be true of newspapers, the cinema, the radio, the phonograph. The great trust eliminates small individual ventures and aims at securing the maximum number of customers for the fewest products. Hence, its advantage is always to produce what is lowest.[20]

Huxley sieht also die bewußtseinsvernebelnde Massenkultur nicht zuletzt als ein *ökonomisches* Phänomen – das allerdings eine politische und biologische Komponente hat: politisch insofern, als für ihn die Massenkultur auch eine Folge exzessiver, nivellierender „Demokratie“-Vorstellungen ist – biologisch insofern, als bestimmte biologisch-psychologische Menschentypen nicht beliebig erzogen und gebildet werden können.
Diese Gedanken – Gesellschafts- und Kulturkritik verbunden mit Ablehnung der Demokratie bei gleichzeitiger Befürwortung der Idee fundamentaler (psychologisch-biologischer) Ungleichheit der Menschen – finden sich bei Huxley etwa ab 1926/27, systematisch und explizit in *Proper Studies,* seinem Versuch, sich eine verläßliche Soziologie zu erarbeiten. Die Kenntnis dieses Buches, das übrigens stilistisch wie inhaltlich zu seinen schwächsten gehört, ist unerläßlich für eine differenzierte Betrachtung von *Brave New World,* denn vieles, was er dort zu kritisieren scheint, wird hier – nur fünf Jahre zuvor – ausdrücklich befürwortet, was viele Huxley-Experten allerdings nicht zu wissen scheinen.[21]

---

[18] In Harpers Magazine, 155 (Aug. 1927) S. 265–272, hier S. 265.
[19] Huxley: Outlook, S. 266.
[20] Huxley: Outlook, S. 267/268.
[21] Dieser Zusammenhang wird aber z. B. erkannt von John A. Atkins:

Proper Studies basiert vor allem auf den Lehren des italienischen Soziologen Vilfredo Pareto und der Charakterpsychologie C. G. Jungs (Freud wird als „monomanical" verworfen). Nachdem Huxley eingangs beteuert hat, hypothetische Utopien interessierten ihn überhaupt nicht, er wolle allein von den Tatsachen der menschlichen Natur ausgehen und nach ihnen eine passende Gesellschaft konstruieren, argumentiert er folgendermaßen: Die Idee der Gleichheit ist offensichtlich unsinnig. Eine Gesellschaft, die auf dieser Idee basiert, *kann* gar nicht funktionieren, weil die Menschen biologisch-genetisch-psychologisch ungleich sind, und auch keine Erziehung die verschiedenen Intelligenz-Typen gleichmachen kann. Die Aufgabe des Erziehungswesens liegt woanders:

> [. . .] the ideal educational system is one which accurately measures the capacities of each individual and fits him, by means of specially adapted training, to perform those functions which he is naturally adapted to perform. A perfect education is one which trains up every human being to fit into the place he or she is to occupy in the social hierarchy, but without, in the process, destroying his or her individuality.[22]

Da die Menschen aber verschieden begabt sind, ist es auch unsinnig, alle politisch mitreden zu lassen. Zumindest müßte das Wahlrecht an den Intelligenz-Quotienten gekoppelt sein, Fernziel ist aber die Herrschaft einer „aristocracy of the mind" („the naturally best men should be at the top", *PS,* 157–160) – das wäre dann ein vernünftigeres und auch stabileres System als die herkömmliche Demokratie (*PS,* 148–151): „That every human being should be in his place – this is the ideal of the aristocratic as opposed to the democratic state. [. . .] not all are called upon to rule; there must be discipline, a hierarchy, the subjection of the many and the dominion of the few" (*PS,* 166 bzw. 20). Angesichts einer tiefgreifenden Gesellschaftskrise („One thing alone is absolutely certain of the future: that our Western societies will not long persist in the present state", *PS,* 271) sucht Huxley Sicherheit in biologischen Konstanten: Es wird immer ein genetisch begründetes gesellschaftliches „Oben" und „Unten" geben (*PS,* 273); wer weniger verdient, ist eben genetisch minderwertig (*PS,* 279).

Aldous Huxley. A Literary Study. London ²1967, S. 182 ff.; Henderson: Huxley, S. 176–191; C. S. Ferns: Aldous Huxley. Novelist. London 1980, S. 33/34; Woodcock, Dawn, S. 142 ff.

[22] Aldous Huxley: Proper Studies. London 1927, 1957, S. 136. Im folgenden *PS* abgekürzt.

Doch könnte da nicht die Eugenik Abhilfe schaffen, auch um der drohenden genetischen Degeneration der Menschheit zu begegnen? Huxley sieht bedrohliche Folgen: In einer Gesellschaft voller „superior individuals“ werde es permanente Unzufriedenheit geben, da nur sehr wenige entsprechend ihren Fähigkeiten eingesetzt werden könnten: „Not more than a few men can govern, do scientific research, practise the arts, hold responsible positions or lead their fellows“ (*PS*, 280). Nur pyramidenförmige Gesellschaften funktionierten glatt, seien stabil: „A state with a population consisting of nothing but these superior people could not hope to last for a year“ (*PS*, 282). Huxleys Argumentation hat einen Salto geschlagen: Ging er zunächst von einer (mehr als fragwürdigen) menschlichen Ungleichheit aus und konstruierte dementsprechend eine ungleiche Gesellschaft, so behauptet er nun, die Gesellschaft selbst verlange Ungleichheit – auch wenn die Gleichheit machbar wäre! In *Proper Studies* liefert Huxley die Planungsskizze der Gesellschaft von *Brave New World.*

Huxleys vierter Roman *Point Counter Point* (1928) – von der Kritik überwiegend positiv aufgenommen und auch absatzmäßig ein großer Erfolg – ist wie seine drei Vorläufer ein typischer Ideenroman, d. h. Huxley zeigt wieder eine Gruppe von Intellektuellen, Künstlern und Wissenschaftlern, die uns als Verkörperungen verschiedener Weltanschauungen oder Haltungen vorgestellt werden. Doch stärker als zuvor wird hier das Maskenhafte, Einseitige dieser Figuren selbst zum Problem gemacht: Sie sind alle verkümmert und erstarrt, keine wahren Menschen mehr, weil sich ihre Potentialität nicht entfaltet hat. Durch das massierte Auftreten dieser Fälle wird signalisiert, daß es sich bei dieser Vereinseitigung der Menschen nicht um ein zufälliges, individuelles Problem handelt, sondern um ein allgemeines, soziales. Huxley übt Kultur- und Sozialkritik, indem er ein deprimierendes Panorama von bornierten Spezialisten, einseitigen „perverts“ und fesselnden, einengenden Umständen entwirft.

Die Typen sind vertraut: Als *Huxley-hero* begegnet uns der kopflastige Romancier Philip Quarles (wiederum ein partielles Selbstporträt), ein hochintelligenter kühler Rationalist mit bloß rudimentären Gefühlen, der andere nicht an sich heranläßt und sich in seinem verselbständigten Reich der Ideen so eingenistet hat, daß er – obwohl er unzufrieden ist und seine Schwächen auch einsieht – sich doch fürchtet, diesen ambivalent besetzten Schutz aufzugeben. Der einseitige Kopf-Spezialist Quarles fühlt sich auch durch determinierendes Erbe und prägende Umwelt so festgelegt, daß der Versuch

eines Ausbruchs aus dieser Existenz sowieso zum Scheitern verurteilt wäre. Die Misere des neuzeitlichen Intellektuellen erscheint als unentrinnbares Schicksal und übermächtiges Verhängnis.
Das alte Thema der vergeistigten, idealisierten Liebe wird an der Figur Walter Bidlake durchgespielt, der seine Vorstellungen wieder allein aus Büchern gewonnen hat („art before life"), und deshalb schmählich Schiffbruch erleidet, als er in die Hände der vergnügungssüchtigen und skrupellosen jungen Witwe Lucy Tantamount fällt, die ihrerseits Trägerin des ebenfalls gut bekannten „bitch-motif" und des *leisure-boredom*-Syndroms ist. Lucys Vergnügungs-Aktionismus und ihre sexuelle Promiskuität werden dabei wie gehabt als Ausdruck der Sinnleere und Flucht vor sich selbst, also als Schein-Emanzipation geschildert – was dem Opfer Walter freilich wenig hilft ... Erwähnenswert ist noch, daß Huxley in *Point Counter Point* mit der Figur des Maurice Spandrell abermals einen Charakter einführt, der als klassischer Lehrbuchfall der Psychoanalyse gelten kann – ein wichtiges Datum zur Einschätzung des angeblich so negativen Verhältnisses Huxleys zu den Lehren Sigmund Freuds.
Die negative Grundstimmung von *Point Counter Point* wird eher noch verstärkt durch die geschichtspessimistische Lebensphilosophie des Mark Rampion (in dem viele Kritiker ein Porträt des Huxley-Freundes D. H. Lawrence zu erkennen glauben), der die Geschichte der menschlichen Gesellschaften als Degenerationsprozeß begreift, der aber im wesentlichen *geistige* Ursachen haben soll: Denn Grund allen Übels ist nach Rampion das menschliche Bestreben, die Vielfalt der eigenen Natur zu leugnen, *einen* Aspekt zu verabsolutieren, auf *einem* Gebiet vollkommen sein zu wollen – was nur zu „untermenschlicher" Einseitigkeit führen könne. Nach Rampions idealistischer Geschichtsphilosophie sind die Probleme der Industriegesellschaft – z. B. forcierte Arbeitsteilung und Spezialisierung, mechanisierte Arbeit und Freizeit – letztlich Folge des „Intellektualismus", also einer *geistigen* Vorentscheidung:

> Whereas the fruits of intellectualism – my God! [...] Look at them. The whole of our industrial civilization – that's their fruit. [...] Industrial progress means over-production, means the need for getting new markets, means international rivalry, means war. And mechanical progress means more specialization and standardization of work, means more ready-made and unindividual amusements, means diminuition of initiative and creativeness, means more intellectualism and the progressive atrophy of all the vital and fundamental things in human nature, means increased boredom and restlessness, means finally a kind of individual madness that can only result in social revolution. Count on

them or not, wars and revolutions are inevitable, if things are allowed to go on as they are at present.[23]

Bei einer solch psychologisch-individualistischen Sicht der Dinge ist es nur konsequent, die Lösung der Probleme – die für Rampion nicht in der oben vorhergesagten Revolution liegt – im Privaten zu suchen, zumal alle bestehenden politischen Gruppierungen von denselben (falschen) Voraussetzungen ausgehen: „They're fighting to decide whether we shall go to hell by communist express train or capitalist racing motor car, by individualist bus or collectivist tram running on the rails of state control. The destination's the same in every case. They're all bound for hell, all headed for the same ideological impasse and the social collapse that results from the psychological collapse."[24] So ergeht folgerichtig am Schluß die wenig überzeugende Aufforderung, man möge vorerst damit beginnen, wenigstens in seiner Freizeit als „complete man" zu leben, und versuchen, in dieser Nische eine neue Harmonie zu erreichen.

Daß Huxley dies zumindest Ende der zwanziger Jahre selbst für eine mögliche Lösung des ihn immer wieder bedrängenden Intellektualismus-Problems angesehen hat, wird an seinem Essayband *Do What You Will* (1929) deutlich, weitgehend einer Sammlung von Charakterstudien, die belegen sollen, wie Menschen, die versuchten, *mehr* zu sein (z. B. Spinoza, Swift, Pascal), letztlich „unter-menschlich" wurden, weil sie nicht ihre potentielle Vielfacht realisierten, sondern (im Grunde lebensfeindlich) un-harmonisch lebten. *Do What You Will* bietet negative Illustrationen zur Philosophie des „life-worship", einer „religion of life", die das Individuum auffordert, seine Widersprüchlichkeit bewußt auszuleben, um zu einem befriedigenden, weil im Resultat harmonischen „equilibrium of balanced excesses" zu gelangen.[25]

Trotz dieser idealistisch-individualistischen Lösung steckt *Do What You Will* voll klarsichtiger Gesellschaftsanalyse und ätzender Kulturkritik: Wenn er auch den Kapitalismus letztlich als Folge jüdischen und calvinistischen *Denkens* ansieht (vgl. *DWYW,* 31, 61), so kritisiert er doch auch erneut den Zusammenhang von mechanisierter Arbeit und zur Passivität erziehender Freizeitindustrie („Before leisure can be made to serve as an antidote to life-destroying work it

---

[23] Aldous Huxley: Point Counter Point. Harmondsworth 1955, repr. 1976, S. 401, 304.

[24] Huxley: Point Counter Point, S. 303.

[25] Aldous Huxley: Do What You Will. London 1929, 1931, S. 274 ff. *et passim*. Im folgenden *DWYW* abgekürzt.

must be de-mechanized. [. . .] The first symptoms of mass insanity are everywhere apparent", *DWYW*, 87, 89), um zu dem vernichtenden Verdikt zu gelangen:

> The real trouble with the present social and industrial system is not that it makes some people very much richer than others, but that it makes life fundamentally unlivable for all. Now that not only work but also leisure has been mechanized; now that, with every fresh elaboration of the social organization, the individual finds himself yet further degraded from manhood towards the mere embodiment of a social function; now that ready-made, creation-saving amusements are spreading an ever intenser boredom through ever wider spheres, – existence has become pointless and intolerable. (*DWYW*, 224/225)

Dabei stellt er unmißverständlich klar, daß heute, „in the age of Henry Ford" (*DWYW*, 115), vom Proletariat keine grundlegende Änderung der Verhältnisse mehr zu erwarten sei, da es perfekt ins kapitalistische System integriert sei und praktisch in seiner klassischen Form nicht mehr existiere: „The policy of modern capitalism is to teach the Proletariat to be wasteful, to organize and facilitate its extravagance, and at the same time to make that extravagance possible by paying high wages in return for high production" (*DWYW*, 218). Ein Ende dieser Strategie ist nach Huxley nur abzusehen, wenn das industrielle System an seine *ökologischen* Grenzen stößt: „The money circulates and the prosperity of the modern industrial state is assured – until such time, at any rate, as the now extravagantly squandered resources of the planet begin to run low" (*DWYW*, 218).

Diesen Gedanken hatte Huxley schon 1928 in seinem überraschend aktuellen Essay „Progress" ausführlicher dargelegt. Dort wies er nach, daß man im Grunde genommen weder bei der biologischen Evolution (im vom Menschen historisch erfahrenen Zeitraum) noch bei der Entwicklung der Moral noch der der Künste uneingeschränkt von „Fortschritt" reden könne, daß gar eine Vorstellung von Fortschritt, die sich primär an den quantitativen Raten materiellen Wachstums orientierte, vollkommen absurd sei: „Because we use a hundred and ten times as much coal as our ancestors, we believe ourselves a hundred and ten times better, intellectually, morally and spiritually."[26] Allein im Bereich der Naturwissenschaften und der Technik wollte Huxley den Fortschrittsbegriff gelten lassen, betonte aber zugleich die Bedeutung der Lebensqualität in einer historischen

[26] Aldous Huxley: Progress. In: Vanity Fair, 29 (Jan. 1928), S. 69, 105, hier S. 69.

Situation, in der er die Grenzen des rein quantitativen materiellen Wachstums sich sowieso schon deutlich abzeichnen sah: „We are rich because we are living on our capital. The coal, the oil, the nitre, the phosphates which we are so recklessly using can never be replaced. When the supplies are exhausted, men will have to do without. Our prosperity has been achieved at the expense of our children. [. . .] we are living on our cosmic capital. When that capital is exhausted, mankind will be bankrupt. Nothing could be more obvious.“[27]

Der Essayband *Music at Night* (1931) ist Huxleys letzte große Veröffentlichung vor *Brave New World*, und es kann deshalb nicht verwundern, daß die verschiedenen thematischen Stränge, die bis hierin nachgezeichnet worden sind und die in *Brave New World* zu etwas Neuem verknüpft werden, sich hier schon auffallend verdichten: Die Thematik von *Brave New World* drängt nach zusammenhängender Bearbeitung; *Music at Night* ist *Brave New World* im Embryonalzustand.[28] Einige Hinweise müssen hier genügen: In „Art and the Obvious“ beleuchtet Huxley den Zusammenhang zwischen der (seiner Meinung nach) mangelnden Qualität moderner Kunst und den Lebens- und Arbeitsbedingungen der Bevölkerung. In „Notes on Liberty and the Boundaries of the Promised Land“ stellt er fest, daß die Ausübung von Freiheitsrechten – die er rechtspositivistisch nicht auf ein Naturrecht zurückführt – in unserer Gesellschaft eng an Eigentum gebunden ist, daß trotzdem Revolten erstaunlich selten sind („the abject patience of the oppressed is perhaps the most inexplicable, as it is also the most important fact of all history“[29]) und eine wesentliche Besserung der Lage der Menschen auch nicht von mechanisierten Zukunftsgesellschaften zu erwarten ist, da – vertrauter Gedanke – die neuen Freizeitaktivitäten wieder dem „Law of Diminishing Returns“ unterlägen, also akute Langeweile und nur eine neue Form von Versklavung hervorbrächten. Als einzigen Ausweg aus den geschilderten Problemen sieht er systematische Eugenik („deliberate breeding and selection“, *MaN*, 130) und die drastische Verringerung der Weltbevölkerung an. Die Stringenz seiner Argumentation leidet allerdings darunter, daß er wiederholt die merkwürdige Vorstellung einbringt, der Wert eines Freiheitsrech-

---

[27] Huxley: Progress, S. 69, 105.

[28] Vgl. Jacob Vinocur: Aldous Huxley. Themes and Variations. Univ. of Wisconsin 1958, S. 157; Woodcock, Dawn, S. 176.

[29] Aldous Huxley: Music at Night. London 1931, repr. 1957, S. 121. Im folgenden *MaN* abgekürzt.

tes vermindere sich um so stärker, je größer die Zahl der Menschen sei, die es ausüben dürften (ebenso *MaN*, 204–207). In „On the Charms of History and the Future of the Past" räumt er ironisch ein, daß Henry Ford mit seinem „History is bunk" in gewisser Weise recht habe: Die Beschäftigung mit Geschichte – weiter gefaßt: mit kulturellen Dingen überhaupt – ist in einer Hinsicht sicher unwichtig und trivial, eine Zeitvergeudung, und gerade deshalb eine Beleidigung und fundamentale Bedrohung des „God of Industry", der die Menschen allein auf den Besitz *materieller* Güter orientiert: „If he [the Industriolator] is logical he must hate literature, philosophy, pure science, the arts – all the mental activities that distract mankind from an acquisitive interest in objects" (*MaN*, 138). Noch deutlicher wird er in „Foreheads Villainous Low":

> If by some miracle the dreams of the educationists were realized and the majority of human beings began to take an exclusive interest in the things of the mind, the whole industrial system would instantly collapse. Given modern machinery, there can be no industrial prosperity without mass production. Mass production is impossible without mass consumption. Other things being equal, consumption varies inversely with the intensity of the mental life. A man who is exclusively interested in the things of the mind will be quite happy (in Pascal's phrase) sitting quietly in a room. A man who has no interest in the things of the mind will be bored to death if he has to sit quietly in a room. Lacking thoughts with which to distract himself, he must acquire things to take their place; incapable of mental travel, he must move about in the body. In a word, he is the ideal consumer, the mass consumer of objects and of transport. Now, it is obviously in the interest of industrial producers to encourage the good consumer and to discourage the bad. This they do by means of advertisement and of that enormous newspaper propaganda which always gratefully follows advertisement. Those who sit quietly in rooms with nothing but their thoughts and perhaps a book to amuse them, are represented as miserable, ridiculous, and even rather immoral. Happiness is a product of noise, company, motion, and the possession of objects. [...] In the modern industrial state, highbrows, being poor consumers, are bad citizens. Long live stupidity and ignorance! (*MaN*, 207/208)

Der Bezug zu *Brave New World* ist offensichtlich. Da nun die Vorstellungen – so fährt Huxley in „History" fort –, die sich die Menschen von Vergangenheit und Zukunft machten, jeweils Funktionen ihrer Gegenwart seien, sei es nur verständlich, wenn man sich in einer Gesellschaft mit verstärkter Arbeitsteilung, in der die Menschen nicht als Individuen, sondern immer mehr als bloße Verkörperungen sozialer Funktionen agierten, die Zukunft folgendermaßen vorstelle: „a new caste system based on differences in native ability and accompanied by a Machiavellian system of education, designed to give the members of the lower castes only such instruction as it is profitable for society at large and the upper castes in particular that they should have" (*MaN*, 152). Sein eigenes Gesellschafts-Modell von *Proper Studies* scheint er nun also kritischer zu sehen. Huxley hält es auch für möglich, daß die Menschen der Industrie-Nationen – in Reaktion auf die fortschreitende Industrialisierung – schon bald einem romantisierenden, projizierten Primitivismus anhängen könnten: „With every advance of industrial civilization the savage past will be more and more appreciated, and the cult of D. H. Lawrence's *Dark God* may be expected to spread through an ever-widening circle of worshippers" (*MaN*, 147). Wieder stehen hier Elemente von *Brave New World*, anders verbunden, nebeneinander.

In „Obstacle Race" kritisiert Huxley – ähnlich wie schon fünf Jahre zuvor in „On Making Things Too Easy" –, daß nach dem Ausräumen von Hindernissen und Erschwernissen das Leben letztlich weniger intensiv, daher langweiliger verlaufen werde. Das Beseitigen solcher Hindernisse sei zwar an sich löblich, mit dem Endergebnis könne aber kein gestandener Hedonist zufrieden sein: „Abolishing obstacles, he abolishes half his pleasures. And at the same time he abolishes most of his dignity as a human being. For the dignity of man consists precisely in his ability to restrain himself from dashing away along the flat, in his capacity to raise obstacles in his own path" (*MaN*, 167). So zielt auch nach Huxley die Ideologie des „consumerism" direkt auf die Würde des Menschen, da sie ihn anhält, materielle Bedürfnisse ohne Aufschub zu befriedigen: „[. . .] the first duty of the modern consumer is not to consume little, as in the pre-industrial epoch, but to consume much, to go on consuming more and more. Asceticism is bad citizenship; self-indulgence has become a social virtue" (*MaN*, 164). Am Ende dieses Essays macht Huxley den erstaunlichen Vorschlag, es sei wohl Aufgabe der Wissenschaften, in Zukunft neue, künstliche Hindernisse zu erfinden, die aufregend, doch harmlos seien, wie er auch an anderer Stelle („Wanted, a New Pleasure") ohne jede Ironie fordert, es solle eine neue Droge synthetisch hergestellt werden, „a more efficient and less harmful substitute for alcohol and cocaine. [. . .] then, it seems to me, all our problems [. . .] would be wholly solved and earth would become paradise" (*MaN*, 254/255).

Der Stoff verdichtet sich: In „The New Romanticism" setzt Huxley die Utopien der Bolschewisten und Henry Fords gleich. In beiden werde das Individuum negiert, einem „collective mechanism" unterworfen, beide richteten sich am „Fordism, or the philosophy of industrialism" aus (*MaN*, 180), während doch gerade der Kampf *gegen* die entfremdende Mechanisierung eine der größten Aufgaben der Zukunft sei: „The history of the next few centuries will be, among other things, the history of man's efforts to redomesticate the monster [machinery] they have created, to reassert a human mastery over these bits of embodied thought at present so domineeringly rebellious" (*MaN*, 171).

Schon in dem einzeln veröffentlichen Essay „Machinery, Psychology and Politics" (1929) hatte Huxley auf die verhaltens- und gesellschaftsverändernden Auswirkungen mechanischer Arbeit hingewiesen, deren Verbreitung er als mehr oder weniger gesetzmäßigen Prozeß ansah, und die, so Huxley, letzten Endes eine Gesellschaft von „hierarchically graded experts" hervorbringen werde. Das Interessante ist nun, daß Huxley sowohl diese Entwicklung als auch ihr Ergebnis (im Gegensatz zu *Proper Studies*) vollkommen ablehnt – aus *moralischen* Gründen, sie ist für ihn zutiefst *menschenfeindlich.* Huxley stellt die alles entscheidende *Wertfrage* und weigert sich, eine Entwicklung gutzuheißen, allein weil sie abläuft, einen Zustand herbeizuwünschen, allein weil er machbar ist: „But, in point of fact, is such success [in the mechanized world] likely to be permanently beneficial to the human beings who achieve it? [. . .] the process of mechanization [. . .] is itself profoundly immoral. It is immoral because it militates against the abundance of individual life."[30] Und dann vertritt Huxley *en détail* die Sache des bedrohten Individuums gegen die der Industrialisierung, nur um mit einem ganzen Katalog von Fragen zu enden:

> How can mechanization be prevented from degrading the life of the individual? Is it possible for a human being to be both a man and a citizen of a mechanized state? Is it possible to combine the material advantages which accrue to those living in a mechanized world with the psychological advantages enjoyed by those who live in pre-mechanical surroundings? Such are the questions which future politicians will have to ask and effectively answer in terms of laws and regulations. What sort of answers will they give? Who knows? Not I, at any rate. I am even a little doubtful whether these questions are answerable.[31]

---

[30] Aldous Huxley: Machinery, Psychology and Politics. In: Spectator, 143 (23 Nov., 1929), S. 749–751, hier S. 750.
[31] Huxley: Machinery, S. 751.

Doch dann unternimmt er trotzdem den Versuch, nicht nur diese, sondern auch all die anderen ihn in dieser Zeit bedrängenden Fragen, wenn auch nicht schlüssig zu beantworten, so doch einer Beantwortung zuzuführen. Er mag dabei nicht ganz auf die bewährte Form des Ideenromans verzichten, wird also wieder verschiedene Ansätze, mit denen er nicht einfach zu identifizieren ist (es sei denn, Essays legen solche Identifizierungen nahe), nebeneinander setzen, um das Problem auszuleuchten. Doch es scheint ihm angebracht, all diese Fragen, die ja real-gesellschaftlich miteinander verknüpft sind und im Zuge einer historischen Entwicklung aufgeworfen werden, im Rahmen einer anderen literarischen Konvention anzugehen: *Brave New World* wird seine erste *Utopie* sein.

III. Zur literatur- und kulturgeschichtlichen Problematik der Gattung Utopie

Der Begriff *Utopie* bezeichnet – im Gegensatz zum umgangssprachlichen Schlagwort – den durchdachten Entwurf einer idealen Gesellschaft. Die *literarische* Utopie findet sich somit im Grenzbereich zwischen Fiktionalität und politisch-philosophischem Diskurs. Daraus folgen wiederum bestimmte, in der Regel festzustellende Merkmale der Utopie, die hier zunächst in heuristischer Absicht idealtypisch entwickelt werden sollen, ehe dann – anhand konkreter Beispiele – auf signifikante Varianten und Wandlungen eingegangen wird.

Die *Idealität* der geschilderten Gesellschaft schlägt sich – in der klassischen Utopie – in einer geschichtsfernen *Statik* nieder. Zwar mag die utopische Gesellschaft innere Dynamik aufweisen, doch nur in dem Sinne, wie ein gut funktionierender Mechanismus Dynamik aufweist: Als Wiederholung des ewig Gleichen. Als Ganzes ist dieses System, diese Megamaschine (Mumford) von unveränderlichem Bestand: Ein politisches *perpetuum mobile* (Freyer) – die Geschichte ist zu Ende gekommen.

Diese Statik wird erhalten durch *Reglementierung* im Inneren und *Isolation* nach außen. Die Reglementierung, die als von den Utopiern akzeptiert dargestellt wird, ist „vernünftig" begründet, quasi durchgerechnet und hat das Glück der Menschen zum Ziel. Opposition existiert nicht oder wird nicht geduldet. Die Utopie selbst impliziert also – abgesehen von einigen Ausnahmen – einen Widerspruch zwischen Freiheit und Glück, wenn sie nicht gar postuliert, das Glück bestehe gerade im Sichfügen. Gleich, ob man diesen Zusammenhang zwischen Utopie und Totalitarismus, zwischen einem Gesellschaftsentwurf, der *per definitionem* einen Endzustand beschreibt, einerseits und der totalen Vergesellschaftung des Individuums andererseits als notwendig oder als bloß möglich begreift: Es ist eine empirische Tatsache, daß die Zahl freiheitlicher, anti-autoritärer literarischer Utopien weit geringer ist als die der umfassend reglementierenden, intolerant autoritären Entwürfe.[1]

---

[1] Vgl. dazu Marie Louise Berneri: Journey Through Utopia. Boston 1950. Außerdem zu diesem Kapitel: Wolfgang Biesterfeld: Die literarische Utopie.

Zweite Voraussetzung der garantierten Stabilität ist die hermetische Abschirmung der utopischen Gesellschaft nach außen, ihre Isolation (so sind denn auch tatsächlich viele Utopien auf Inseln verlegt), die zudem noch ihr Ganz-anders-Sein plausibel scheinen läßt. Neben dieser örtlichen Entrückung, die bei den Utopien bis ins 17. Jahrhundert vorherrscht, findet sich dann später vor allem - kulturhistorisch signifikant - die zeitliche Entrückung: Die Utopie ist von da an eindeutig die Zukunftsgesellschaft, der Zukunftsstaat. Der Weg dahin heißt „Fortschritt" (nicht mehr „Schiffbruch"), das Mittel Erziehung, Aufklärung, Wissenschaft, noch später: Revolution.
Neben *Idealität* und *Isolation* hat Schulte-Herbrüggen noch den Begriff der *Selektion* als konstitutiv für die Utopie eingeführt. Er meint damit, daß „aus dem vielfältig verschlungenen Gefüge des historischen Kulturganzen wenige, bestimmte Elemente heraus [gelöst werden]"[2], aus denen dann die ganze Gesellschaft künstlich konstruiert wird. Nun ist dieser Vorgang nicht ganz so willkürlich, wie es sich zunächst anhört. Die Selektion bestimmter Bereiche, die als grundlegend für den Aufbau der Gesamtgesellschaft angesehen werden, setzt immer eine Vorstellung vom Funktionieren des Ganzen, von der Interdependenz der einzelnen Teile (die eben nicht als isolierte gedachte werden) voraus. Ob die Begründung nun im Einzelfall ethisch-philosophisch (Plato) oder religiös (Campanella) oder wirtschaftlich (Morris) erfolgt: Das Ganze ist immer mitgedacht. Konkret: Wenn in auffallend vielen Utopien das Privateigentum abgeschafft und Gemeinwirtschaft eingeführt ist und die Struktur der Gesellschaft daraus abgeleitet wird, dann signalisiert das eben, daß die Produktionsverhältnisse in diesen Fällen als sozialkonstitutiv verstanden werden, als Dominante in einem System „funktioneller Totalität": „Es ist ein qualitativer Sprung, wenn die Utopie nicht wirtschaftliche und soziale Gesichtspunkte *auch* an irgendeiner Stelle des Systems erwähnt, sondern sie als Fundierung

---

Stuttgart 2. verb. Aufl. 1982; Ulrich Broich: Gattungen des modernen englischen Romans. Wiesbaden 1975, S. 94–142; Hans Freyer: Die politische Insel. Eine Geschichte der Utopien von Platon bis zur Gegenwart. Leipzig 1936; Arnhelm Neusüss (Hrsg.): Begriff und Phänomen des Utopischen. Neuwied 1968; Thomas Nipperdey: Die Funktion der Utopie im politischen Denken der Neuzeit. In: Archiv für Kulturgeschichte, 44 (1962), S. 357–378; Manfred Pfister (Hrsg.): Alternative Welten. München 1982; Hubertus Schulte Herbrüggen: Utopie und Anti-Utopie. Von der Strukturanalyse zur Strükturtypologie. Bochum 1960.

2 Schulte Herbrüggen: Utopie, S. 208.

des Politischen ins Zentrum ihres Entwurfs stellt."[3] Solche Utopien sind insofern ideologiekritisch, als sie die vermeintliche Eigenständigkeit der verschiedenen sozialen Bereiche bestreiten: Harringtons These „Government follows property" (*Oceana*,1656) verweist auf Zusammenhang und Bedingtheit, wo andere noch an Autonomie glauben.

Doch die Kritik der Utopie geht noch viel weiter. Jeder Entwurf einer idealen Gesellschaft ist automatisch eine Kritik der schlechten bestehenden; jede Formulierung idealer Verhältnisse klagt die gegenwärtigen an. Dazu bedarf es gar nicht der direkten Erwähnung gegenwärtiger sozialer Mißstände (wie etwa der „enclosures" in Thomas Mores *Utopia*) – allein die Existenz des Ideal-Entwurfs, der ja nicht an Details herumdoktert, sondern das grundsätzlich andere will, ist stetige Mahnung und *Aufforderung, die Verhältnisse zu ändern, damit sich der Mensch ändern kann.* Der Bezug der Utopie auf ihre Gegenwart und die Wirklichkeit ist also immer gegeben[4], nicht nur im Sinne, daß die Utopie den geistigen und materiellen Stand ihrer Epoche samt den aufbrechenden Tendenzen widerspiegelt (Bloch: „Utopien haben ihren Fahrplan"[5]), sondern auch so, daß die Intention des Utopisten in diese (zu verändernde) Wirklichkeit zurückführt: „Der große Utopist meint [. . .] immer *sein* Land."[6]

So viel zum Inhaltlichen der Utopie. Das größte *formale* Problem des Utopisten ist die geschickte Vermittlung der Überfülle von Informationen, die seinen Gesellschaftsentwurf dem Leser erst umfassend erscheinen lassen. Diese Informationen kann der Autor entweder als Diskurs einbringen, z. B. im philosophischen Zwiegespräch (Platos *Staat*), oder aber, indem er in einer erzählten Handlung die einzelnen Daten quasi inszeniert – in beiden Fällen entdeckt sich dem Leser die Struktur des Ganzen selbstverständlich nur schrittweise. Wie auch immer im speziellen Fall das Mischungsverhältnis zwischen *narrativen* und *diskursiven* (oder expositorischen) Teilen beschaffen sein mag, es haben sich bewährte Konventionen der Informationsvergabe herausgebildet, wie etwa der oben erwähnte Dialog, das inkorporierte Dokument, die Figur des kommentierenden Erzählers oder die des fremden Reisenden in Utopia, der sich allein oder in Begleitung eines Führers (sog. *Cicerone*) das Land

---

[3] Nipperdey: Funktion, S. 371.

[4] Vgl. Mühlheim in: Alternative Welten. Hrsg. von Pfister, S. 315 f.

[5] Ernst Bloch: Das Prinzip Hoffnung. 1959. 3 Bde., Frankfurt/M. 1974. Hier Bd. 2, S. 555.

[6] Freyer: Insel, S. 165.

erschließt, sich dabei verliebt (und so neue Bereiche utopischen Lebens kennenlernt) – Ziel dieser Konventionen ist immer, dem Leser möglichst geschickt das zunächst Fremde als verstehbar und logisch nahezubringen.

Ohne hier auch nur im entferntesten einen Abriß der Utopien liefern zu wollen, sei doch – im Hinblick auf *Brave New World* – der eine oder andere Hinweis auf markante Elemente klassischer Utopien gestattet: Schon Platos *Staat* (375–370 v. Chr.) bietet uns das Bild einer hierarchischen Drei-Stände-Gesellschaft, die als Abbild der dreigeteilten Seele und Spiegelung der menschlichen Ungleichheit ausgegeben wird. Diese Ungleichheit wird übrigens – bildhaft – chemisch begründet: Den einen seien Gold und Silber, den anderen Kupfer und Eisen in die Seele beigemischt (3. Buch). So thronen also in dieser kunstfeindlichen Ideal-Polis über den Erwerbstätigen die Krieger und die Herrscher-Philosophen, die keine Ehe und kein Eigentum kennen. Der Staat praktiziert systematisch positive wie negative Eugenik, und da Plato Gerechtigkeit verwirklicht sieht, wenn jeder das Seine tut, also keinen Widerspruch zwischen Individuum und Ordnung gelten läßt, ist selbst dem Philosophen-König jede Neuerung verboten: Die Idee ist angekommen. – Bei dem Stoiker Zenon (350–264 v. Chr.) findet sich zum ersten Mal die Konzeption eines Weltstaates, die aber bezeichnenderweise erst zur Regel der Utopie wird, als der europäische Kolonialismus und Imperalismus die anderen Kontinente entdeckt und sich unterworfen haben – „Utopien haben ihren Fahrplan".

Thomas Mores *Utopia* (1516), die der Gattung ihren Namen gab, stellt insofern ein Problem für Leser und Literaturwissenschaftler dar, als nicht eindeutig auszumachen ist, inwieweit More die Ansichten seiner Utopier teilt. Zwar enthält das Werk zahlreiche Passagen, die als Satire auf das England seiner Zeit zu verstehen sind oder vernünftige Lösungen für damals aktuelle Probleme vorschlagen; doch in anderen Teilen scheint es zumindest fraglich, ob More seine *Utopia* als durchgehend positiven Gegenentwurf verstanden haben wollte (Frage der Ehescheidung, Rechtfertigung von Angriffskriegen usw.). Während es in Mores toleranter Gesellschaft gebildeter Asketen noch vergleichweise frei zugeht, ist der religiöse Sonnenstaat des Tommaso Campanella (*Civitas Solis,* 1623) ein zentralistisches Ordnungssystem, in dem das Leben der Bürger bis ins kleinste Detail reglementiert wird (Bloch: „Zwangsrausch ohnegleichen"): Selbst der optimale Zeitpunkt des Geschlechtsverkehrs wird vom Arzt und Astrologen bestimmt. *Civitas Solis* ist jedoch die erste Utopie ohne Sklaverei und auch die erste, in der die angewandten

Naturwissenschaften eine führende Rolle spielen: Man kennt Fernrohre und Flugzeuge, künstliches Licht und Klimaregulation. Die jungen Naturwissenschaften sollen ihren Beitrag zur (wie auch immer verstandenen) Emanzipation des Menschen leisten – eine Idee, die Francis Bacons *Nova Atlantis* (1627) so vollkommen beherrscht, daß man hier zu Recht von einer technisch-naturwissenschaftlichen Utopie spricht. Sein „House of Salomon" auf der Insel Bensalem ist die Skizze eines perfekt ausgerüsteten wissenschaftlichen Institutes, dessen Forschungen und Erfindungen nur dem Wohl der Menschen dienen sollen: Die ideale Gesellschaft wird nicht mehr allein als Ergebnis veränderter Machtverhältnisse gesehen, sondern als Produkt der neuen Produktivkraft Wissenschaft, der alles machbar scheint, die kontinuierlich fortschreitet. Von hier an gilt: „The rise of utopianism and the rise of science run almost parallel."[7]

Diese Tendenz verstärkt sich noch, als sich in der frühbürgerlichen Gesellschaft des 18. Jahrhunderts mit der Philosophie der Aufklärung und der Idee des vernunftbegründeten Fortschritts auch die Einsicht verbreitet, daß die gesellschaftlichen Verhältnisse machbar und nach rationalem Plan veränderbar sind. Der alte utopische Grundsatz, veränderte gesellschaftliche Verhältnisse brächten auch einen veränderten Menschen hervor, findet seine Verstärkung im Erziehungsoptimismus der Zeit, im Glauben an die weitgehende Formbarkeit des Menschen: „Die Aufklärung [...] ist utopienahe Zeit."[8]

Dieser Fortschrittsoptimismus setzt sich auch in den meisten Utopien des 19. Jahrhunderts fort, erfährt sogar eine weitere Steigerung durch die rasante Entwicklung von Naturwissenschaften und Technik und durch die Darwin'sche Evolutionstheorie, die es nahelegte, den gegenwärtigen Zustand der Menschheit (sozial *und* biologisch) als bloßes Durchgangsstadium zu verstehen. Die typischen Utopien vor allem der zweiten Hälfte des vorigen Jahrhunderts sind aber nicht nur gekennzeichnet durch die Bedeutung, die sie der Technisierung und dem alten utopischen Wunschtraum, der Eugenik, beimessen – wichtiger noch ist die Aufmerksamkeit, die sie der brennenden *sozialen Frage* widmen: Die im Industrie-Kapitalismus verschärften Gegensätze zwischen Arbeiterklasse und Unternehmern werden im utopischen Vorgriff literarisch-philosophisch

---

[7] Richard Gerber: Utopian Fantasy. A Study of English Utopian Fiction Since the End of the 19th Century. London 1955, S. 50.

[8] Nipperdey: Funktion, S. 366.

aufgehoben, sei es in den Lehren der französischen utopischen Sozialisten Fourier, Saint-Simon und Proudhon, sei es in den drei bedeutendsten literarischen Utopien des Jahrhunderts, der klassenlosen kommunistischen Gesellschaft des Etienne Cabet (*Voyage en Icarie,* 1840), dem eher zentralistischen Plan-Sozialismus des Amerikaners Edward Bellamy (*Looking Backward, 2000–1887,* 1888), oder dem stark handwerklich ausgerichteten freiheitlichen Sozialismus des Williams Morris (*News from Nowhere,* 1890). Diese Utopien sind unübersehbar Reaktionen auf die gesellschaftliche Wirklichkeit der Zeit und geben konsequenterweise der richtigen *ökonomischen* Fundierung der Ideal-Gesellschaft die Priorität.
Die fortschritts-optimistische Utopie – die auf Wissenschaft, Technik, Eugenik, allgemeine Vernunft und die bewußt-gesellschaftsverändernden Aktivitäten der Massen setzt – kulminiert in den utopischen Romanen des H. G. Wells (1866–1946), die die oben genannten Elemente in Reinkultur enthalten. Wells, dessen Bücher zu Anfang dieses Jahrhunderts eine ungeheuer große Verbreitung fanden und weitreichenden Einfluß ausübten (George Orwell: „[...] I doubt whether anyone who was writing books between 1900 and 1920, at any rate in the English language, influenced the young so much."[9]), war allerdings nie der naive Optimist, als den ihn gehässige Kritiker oder eine nur oberflächlich informierte Öffentlichkeit hinstellen wollten. Wie Mark R. Hillegas detailliert gezeigt hat, finden sich vor allem in seinem Frühwerk (z. B. *The Time Machine,* 1895) skeptische bis pessimistische Züge. Der Fortschritt kommt beileibe nicht automatisch oder nur um einen fragwürdigen Preis; wissenschaftlich-technische Neuerungen können durchaus zur Unterdrückung und Manipulation der Massen eingesetzt werden, der Ausgang der sozialen Auseinandersetzungen ist längst nicht gewiß – all diese Botschaften enthält seine längere Erzählung *The Sleeper Awakes* (1911, zuvor veröffentlicht als *When the Sleeper Wakes,* 1899): Die sozialen Gegensätze sind *nicht* verschwunden, die uniformierten Massen werden in diesem Weltstaat, der übrigens die Babies in gläsernen Brutkästen aufzieht, durch Hypnose-Erziehung, *babble machines* und die ablenkenden Angebote der *Pleasure Cities,* aber auch durch direkte Gewalt niedergehalten – ihre verzweifelte Revolte endet offen.
Dagegen handelt es sich bei Wells' *A Modern Utopia* (1905) und *Men Like Gods* (1923) eindeutig um klassische positive Utopien. In dem

[9] George Orwell: The Collected Essays, Journalism and Letters. 4 Bde. Harmondsworth 1970, repr. 1971, Bd. 2, S. 171.

ersten der beiden Romane wird ein weltweit organisierter Wohlfahrtsstaat beschrieben, der ausdrücklich als konflikt-bejahende *Entwicklungs*-Utopie konzipiert ist (nach Darwin, so Wells, könne man keine statischen Utopien mehr entwerfen), aber auch hierarchisch: Unter der weisen Eliteschicht, den Samurai, die an Platos Herrscher-Philosophen erinnern, stehen „the Poietic, the Kinetic, the Dull and the Base“ – soziale Schichtung also nach Menschentyp. Es besteht Arbeitspflicht, das Bevölkerungswachstum wird kontrolliert, ebenso wie der derzeitige Aufenthaltsort jedes Bürgers, man praktiziert Eugenik, „offenders“ werden humanerweise nicht hingerichtet, sondern auf ferne Inseln deportiert – alles zum Wohle der Menschen. *Men Like Gods* stellte eine spätere Stufe dieser Gesellschaft dar – nun sind alle Menschen Samurai. In dem „universal scientific state, the educational state“ widmet man sich ausgiebig der Wissenschaft, gibt es keine Privateigentum mehr, keine Familie, keine Kriege, Krankheiten, weder Hunger noch Not. Dem unverständigen Argument der eingedrungenen „Erdlinge“, solch ein Leben müsse doch langweilig sein, letztlich zur Degeneration führen, halten die an Geist und Körper eindeutig höherwertigen Utopier entgegen, das Universum und auch die schlimme Mutter Natur stellten noch genügend fordernde Aufgaben. Mr. Barnstaple, der einzige positive „Erdling“, kehrt schließlich per Zeitsprung in seine Wirklichkeit, das England zu Anfang unseres Jahrhunderts, zurück, beseelt und bestärkt, weiterhin für die soziale Revolution zu wirken.

Schon bei diesem Überblick über Wells' Schaffen war es notwendig, zwischen *positiver* und *negativer* Utopie so zu unterscheiden, daß „positive Utopie“ den Entwurf einer Idealgesellschaft, „negative Utopie“ die Vision einer schrecklichen Zukunftsgesellschaft bezeichnet. Ursprünglich war zwar jede Utopie positiv, doch schon in Thomas Mores Wortschöpfung *utopia* steckt eine (sicher beabsichtigte) Doppeldeutigkeit: Schreibweise und englische Aussprache lassen es offen, ob die etymologische Wurzel das griechische *eu-* oder *ou-* sein soll – *Nirgend-Ort* oder *Gut-Ort.* Erst das massive Auftreten von eindeutig abschreckend gemeinten Gesellschaftsentwürfen zu Ende des 19. Jahrhunderts legte es nahe, den Gattungsbegriff selbst durch Festlegung auf die Variante *Nirgend-Ort* zu neutralisieren, und die spezifische Tendenz der jeweiligen Utopie durch den Vorsatz „positiv“ oder „negativ“ zu benennen. Wer jedoch an der *Eu*-Bedeutung *Gut-Ort* festhalten wollte, mußte folgerichtig zur Bezeichnung der unerquicklichen Gesellschaftsentwürfe zu solchen Neubildun-

gen wie *Mätopie* oder *Dystopie* greifen, die mir jedoch wenig glücklich scheinen.
Die Häufung negativer Utopien im ausgehenden 19. und ganzen bisherigen 20. Jahrhundert scheint kulturgeschichtlich äußerst signifikant. Genau wie sich in den positiven Utopien des 17. bis 19. Jahrhunderts der vielfach begründete Fortschrittsoptimismus der Epoche spiegelt, so drückt sich in den modernen negativen Utopien ein tiefgreifender Entwicklungspessimismus aus: Beide Formen sind aber literarische Reaktionen auf ihre jeweilige gesellschaftliche Wirklichkeit. Wie die positive Utopie deren Hoffnungen aufnimmt, so ist die negative von deren Ängsten getragen; wie die positive Utopie hat auch die negative „ihren Fahrplan", d. h. sie tritt nicht willkürlich und zufällig auf; schließlich: wie die positiven Utopien wollen auch die meisten negativen Utopien in ihre Wirklichkeit zurückwirken – als bedrohlich empfundene Tendenzen des Jetzt werden extrapoliert, damit die gegenwärtige Gefahr um so deutlicher hervortrete. M. a. W.: Positive und negative Utopie sind nicht grundsätzlich wesensverschieden; sie gleichen sich in Wurzel, Anlage und Intention, mit dem entscheidenden Unterschied, daß in der positiven Utopie die Kritik des schlechten Bestehenden vom Ideal her geleistet wird, in der negativen von der satirischen Extrapolierung dieses schlechten Bestehenden, so daß das implizierte Ideal nur indirekt erschlossen werden kann.
Eine Untergruppe der negativen Utopien stellen jene dar, die weniger ihre gesellschaftliche Gegenwart als das positiv-optimistische utopische Denken selbst aufs Korn nehmen, die also eine Kritik der Utopie in der Form der Utopie vorbringen – z. B. als liberale Kritik an den totalitären Tendenzen utopischen Denkens, oder als konservativ-reaktionäre Kritik an dessen egalitären Tendenzen. Es scheint mir – im Gegensatz zu manch anderen Literaturwissenschaftlern – sinnvoll, nur für solche, *gegen* die klassische *Utopie* gerichteten Schriften den engeren Begriff *Anti-Utopie* zu verwenden. Jede Anti-Utopie wäre danach auch eine negative Utopie (sonst hätte sie wenig Aussicht auf Wirkung), aber negative Utopien sind nur dann und insofern Anti-Utopien, als sie typische Muster utopischen Denkens attackieren. – Der Ausdruck „devolutionistische Utopie" (Krause, Tuzinski)[10] scheint mir übrigens nur bei denjenigen nega-

[10] Ludwig Borinski / Gerd Krause: Die Utopie in der modernen Englischen [sic] Literatur. Frankfurt/Berlin/Bonn 1958 (= Die Neueren Sprachen NF, Beiheft 2). Konrad Tuzinski: Das Individuum in der englischen devolutionistischen Utopie. Tübingen 1965. Vgl. zur Gattungsproblematik auch Karl

tiven Utopien angebracht zu sein, die, im Gegensatz zu den evolutionistischen Utopien, die *Notwendigkeit* und *Unvermeidlichkeit* des Verfalls suggerieren.

Die Frage, ob eine negative Utopie auch noch in die Untergruppe der Anti-Utopien fällt, ist konkret meist leicht zu beantworten: So wurden nach 1888 zahlreiche „Anti-Bellamies" geschrieben, und wer Wells persifliert, ist eben – in dem Maße, wie er es tut – Anti-Utopist, jedoch in dem Maße, wie er seine Gegenwart satirisch angreift, „bloß" negativer Utopist. Grenzfälle ergeben sich natürlich da, wo das positiv-optimistische Denken als Ausdruck der Zeit kritisiert wird. Die weitaus wichtigere, wenn auch recht pauschale Frage, ob negative Utopien den Fortschritt ablehnen, läßt sich allerdings nur beantworten, wenn man zuvor definiert, was unter „Fortschritt" verstanden werden soll ...

Vier Standardthemen der negativen Utopie (und das schließt die Anti-Utopie mit ein) sind:

1. Die Gefährdung des Individuums durch das Kollektiv, den Staat, „das System", oder die gesellschaftliche Mega-Maschine, in der der einzelne nur noch als Funktion und Objekt in Erscheinung tritt.
2. Der Nachweis, daß materieller Reichtum und zunehmende Mechanisierung nicht unbedingt gleichbedeutend sind mit menschlichem Fortschritt, daß menschliches Glück jenseits der „material pleasures" zu suchen ist.
3. Die Befürchtung, daß ein konfliktfreies Leben weniger intensiv empfunden werden würde als ein gefährdetes, daß also letztlich die Reduzierung von Hindernissen zu geistiger, körperlicher und gefühlsmäßiger Degeneration führen werde.
4. Die Behauptung, daß wahres Glück und wahre Freiheit nur außerhalb einer reglementierenden Ordnung zu finden seien – notfalls auch *gegen* die herrschende „Vernunft".

Dieser letzte Punkt verdient besondere Beachtung, weil Glück und Freiheit in der Regel für den negativen Utopisten untrennbar verbunden sind, er also den zynischen Satz, bei der Masse der Menschen schlössen sich Freiheit und Glück gegenseitig aus, vehement kritisiert. Trotzdem entstehen immer noch Mißverständnisse, wenn die Darstellung von Knechtung – z. B. in Samyatins *Wir*

Reichert: Utopie und Staatsroman. Ein Forschungsbericht. In: Deutsche Vierteljahrsschrift für Literaturwissenschaft und Geistesgeschichte, 39 (1965), S. 259–287; Chad Walsh: From Utopia to Nightmare. London 1962.; George Woodcock: Utopias in Negative. In: Sewanee Review, 64 (1956), S. 81–97.

(1924) – als deren Rechtfertigung aufgefaßt wird,[11] und ausgerechnet dem negativen Utopisten (sei es Orwell, sei es Samyatin) unterstellt wird, er halte die Menschen für freiheitsunfähig.
Gerade Samyatins Fall ist hier von Bedeutung, weil die Parallelen seines Romans nicht nur zu Orwells *1984,* sondern auch zu *Brave New World* nicht zu übersehen sind. In Samyatins „Einzigem Staat" herrscht der allmächtige „Wohltäter" im Namen der Vernunft. Gefühle und Phantasie werden als Krankheiten, sogar als Verbrechen gegen den Staat angesehen. Durch totale Verplanung und systematischen Terror werden die letzten Individuen ausgemerzt – in dieser kalten, „wissenschaftlichen" Welt, die der Brave New World mehr gleicht als dem „Airstrip One" George Orwells, siegt schließlich die un-menschliche Vernunft – die Revolte (eine gängige Konvention der negativen Utopie) scheitert. Samyatins *Wir* geht übrigens zweifach auf Dostojewskij zurück, einmal auf seine *Aufzeichnungen aus dem Kellerloch* (Rebellion gegen „vernünftigen" Fortschritt, Bekräftigung des Rechtes auf Irrationalismus), dann natürlich auf seine „Legende vom Großinquisitor" (aus den *Brüdern Karamasow*), in der der kalt-zynische „Beweis" ausgebreitet wird, die normalen Menschen seien freiheitsunfähig und -unwillig, müßten also – „in ihrem eigenen Interesse" – geknechtet werden.
Orwell kannte Samyatins Roman, Huxley mit ziemlicher Sicherheit nicht, obwohl die Ähnlichkeit mit *Brave New World,* vor allem in zentralen Dialogpassagen, verblüffend ist.[12] Um so mehr Grund, diese Thematik nicht als willkürlich gewählte, sondern „in der Luft liegende" zu begreifen, also als eine, die von objektiven Tendenzen nahegelegt wurde. Dieser Eindruck verstärkt sich noch, wenn man – die eigentlich utopische Literatur hinter sich lassend – *Brave New World* mit einigen philosophisch-populärwissenschaftlichen Veröffentlichungen der zwanziger und frühen dreißiger Jahre vergleicht, in denen Wissenschaftler versuchten, Wirkung und Rolle der

[11] So Mühlheim in: Alternative Welten. Hrsg. von Pfister, S. 317.

[12] Zu Samyatin und seinem Einfluß auf Orwell und Huxley vgl. Edward James Brown: Brave New World, 1984 and We: An Essay on Anti-Utopia: Zamyatin and English Literature. Ann Arbor 1976; C. Moody: Zamyatin's We and English Anti-Utopian Fiction. In: Unisa English Studies, 14 (1976), S. 24–33; Andrew Hacker: Dostoevsky's Disciples: Man and Sheep in Political Theory. In: Journal of Politics, 17 (Nov. 1955), S. 590–613; Christopher Collins: Samyatin, Wells und die Tradition der literarischen Utopie. In: Der utopische Roman. Hrsg. von Rudolf Villgradter u. Friedrich Krey. Darmstadt 1973, S. 330–343; auch Irving Howe im selben Band; Woodcock: Utopias, S. 83 ff.

Naturwissenschaften in der Gesellschaft der Zukunft zu prognostizieren. So sagte der englische Biologe J. B. S. Haldane 1924 in seinem *Daedalus, or Science and the Future* voraus, die Biologie werde sich schon bald als wichtigste Naturwissenschaft etablieren – ab 1951 könne mit der Massenproduktion von „ektogenischen“ Kindern („Babies in bottles“) gerechnet werden. Der große Mathematiker und Philosoph Bertrand Russell warnte in seinem Gegenstück *Icarus, or the Future of Science* (ebenfalls 1924) vor der Illusion, der Fortschritt der Wissenschaften bedeute automatisch ein Mehr an Glück für die Menschen: es sei wahrscheinlicher, daß die neuen Erkenntnisse, vor allem der Psychologie und Physiologie, im Interesse der Herrschenden gegen die Mehrheit der Menschen eingesetzt würden. Auch Russell – durchgehend zwiespältig – spielte mit dem Gedanken, mittels der Eugenik menschliche Wunschzüchtungen herzustellen, und sah in der Bevölkerungsexplosion und drohenden Kriegen so große Gefahren, daß er sich – als Notmaßnahme – durchaus eine despotische Weltregierung wünschte. Den Gedanken, wissenschaftliche Erkenntnis sei zwar ein Ziel und ein Wert, ihre Ergebnisse seien aber Mittel, daher auch gut oder böse anwendbar, entwickelte Russell später ausführlich in *The Scientific Outlook* (1931), einem Buch, das derart viele Parallelen mit *Brave New World* aufweist, daß mit einigem Recht die Frage aufgeworfen worden ist, ob Huxley sich nicht eines Plagiats schuldig gemacht hat.[13] Russell listete hier nicht nur auf, wie weit die naturwissenschaftliche und psychologische Beeinflussung und Manipulation des Menschen bis 1930 schon fortgeschritten war, er prophezeite auch für die Zukunft

- die systematische Anwendung der Erkenntnisse von Freud und Pawlow zur Verhaltenssteuerung
- Manipulation des Unbewußten zu kommerziellen und politischen Zwecken
- Erziehung als Anpassung der Staatsbürger an bestehende Verhältnisse
- Gleichschaltung des menschlichen Bewußtseins durch Massenmedien und Unterhaltungsindustrie
- systematische Eugenik
- absichtliche Röntgen-Bestrahlung von Embryos
- Injektion von Chemikalien in die Gebärmutter

---

[13] Vgl. Thody: Huxley, S. 50/51; Peter Fichow: Science and Conscience in Huxley's Brave New World. In: Contemporary Literature, 16 (Summer 1975), S. 301–316.

– Züchtung von Intelligenz, Verdummung und Ablenkung der Arbeiter
– neue Drogen ohne unangenehme Nebenwirkungen
– Elimination der alten Literatur und Kunst
– oberflächliche, flüchtig-promiskuitive Sexualität.

Russells Fazit: „Die wissenschaftliche Gesellschaft in ihrer reinsten Form [...] ist unvereinbar mit Wahrheitssuche, mit Liebe, mit Kunst, mit spontanem Entzücken und jedem Ideal, das bisher der Mensch gehegt hat, mit einer einzigen Ausnahme; nur asketisches Verzichten ist nämlich damit vereinbar."[14] Es dürfte von einigem Interesse sein, warum Huxley in *Brave New World* gerade in diesem letzten Punkt so sehr von Russells Prognose abweicht.
1932 wurden Russell, Haldane (dessen Frau Charlotte 1926 mit *Man's World* eine negative Utopie geschrieben hatte, der Huxleys *Brave New World* wiederum in wichtigen Punkten gleicht)[15] und Huxley gebeten, Beiträge für eine Sendereihe der BBC zu schreiben, in der dieses Dauerthema *Science in the Changing World* ausgelotet werden sollte.[16] Während Haldane abermals eine Apologie des Naturwissenschaftlers versuchte, warnte Russell noch eindringlicher „Science is gradually transforming social life", forderte jedoch angesichts der Weltwirtschaftskrise abermals eine Weltregierung und verstärkte soziale Planung. Eine Verminderung persönlicher Freiheit, so Russell, sei leider notwendig; im Schnitt würden die Menschen dann aber glücklicher leben. – Huxleys hochinteressanter Beitrag zum Thema sei als Leckerbissen und „eye-opener" für später reserviert.

Verknüpfen wir die verschiedenen, bis hierher entwickelten thematischen Stränge, die ein systematisiertes Vorverständnis von *Brave New World* erleichtern sollen:
1. In Kapitel II war gezeigt worden, wie Huxley in den zwanziger Jahren wechselnd, doch zunehmend engagiert, zu akuten sozialen Problemen Stellung bezogen hat – fiktional und nicht-fiktional. Ihn beschäftigten vor allem die Mechanisierung von Arbeit und Freizeit, die gesteigerte Arbeitsteilung und Spezialisierung, der Verlust der

[14] Bertrand Russell: The Scientific Outlook. London 1931. Zitiert nach der deutschen Ausgabe: Das naturwissenschaftliche Zeitalter. Stuttgart/Wien 1953, S. 232.
[15] Vgl. Tuzinski: Devolutionistische Utopie, S. 85-91.
[16] Diese Beiträge wurden abgedruckt in: Science in the Changing World. Hrsg. von Mary Adams. London 1933.

traditionellen Werte (Liebe, Wahrheit Kunst usw.), die Gleichschaltung der Menschen durch Massenmedien, die Orientierung auf materiellen Konsum, die „Sinnlosigkeit" vieler Freizeitbeschäftigungen (Tanz, Kino, Radio), der Kult der Jugend, die sexuelle Schein-Emanzipation – all diese an Bedrohlichkeit zunehmenden Phänomene entdeckte er in der englischen, vor allem aber der US-amerikanischen Wirklichkeit der zwanziger Jahre.[17] Insofern als sich diese Entwicklung extrapoliert in *Brave New World* aufweisen lassen, handelt es sich um eine *negative Utopie*, mit dem Ziel, satirische Gegenwarts- und Gesellschaftskritik zu leisten.

2. In Kapitel III war gezeigt worden, daß die – positive wie negative – utopische Literatur des ausgehenden 19. und beginnenden 20. Jahrhunderts voller Elemente ist, die Huxley in *Brave New World* ebenfalls verwendet. So kann es nicht verwundern, daß Huxley, der sich zudem wiederholt negativ über Utopien allgemein und besonders über Wells geäußert hatte („All's well that ends Wells"[18]), unterstellt wurde, *Brave New World* sei in erster Linie eine Wells-Parodie, z. B. auf sein *Men Like Gods* – also eine *Anti-Utopie* (nach meiner Definition auf S. 49).[19] Wells selbst scheint das so empfunden zu haben und war nach der Veröffentlichung von *Brave New World* äußerst verstimmt („treason to science and defeatist pessimism")[20], was erstaunlich anmutet, wenn man sich an die vielen Ähnlichkeiten zwischen *Brave New World* und *The Sleeper Awakes* erinnert. Huxley seinerseits hat noch Anfang der sechziger Jahre zweimal die Frage der Wells-Parodie kommentiert, zunächst in seinem *Paris Review*-Inter-

---

[17] Vgl. dazu Eric J. Hobsbawm: Industrie und Empire. Britische Wirtschaftsgeschichte seit 1750. 2 Bde., Frankfurt ^{2}1970, hier Bd. 2, S. 42–60; Charles Loch Mowat: Britain Between the Wars, 1918–1940. London 1955; L. C. B. Seaman: Post-Victorian Britain, 1902–1951. London 1966; L. C. B. Seaman: Life in Britain Between the Wars. London 1970; Robert Graves/Alan Hodge: The Long Weekend. A Social History of Great Britain, 1918–1939. London 1940.

[18] Smith (Hrsg.): Letters. Letter No. 92 (30 June, 1916).

[19] So z. B. George Orwell in: The Road to Wigan Pier. 1937; repr. Harmondsworth 1972, S. 169; Mark R. Hillegas: The Future as Nightmare. H. G. Wells and the Anti-Utopians. New York/London 1967, S. 110 ff.; Willi Erzgräber: Utopie und Antiutopie in der englischen Literatur. München 1980, S. 134.

[20] Bedford: Huxley, Bd. 1, S. 253; Smith (Hrsg.): Letters, Letter No. 338 (10 October, 1931), No. 342 (19 March, 1932); Peter Firchow: Wells and Lawrence in Huxley's Brave New World. In: Journal of Modern Literature, 5 (1976), S. 260–278.

view: „Well, that *[Brave New World]* started out as a parody of H. G. Wells' *Men Like Gods,* but gradually it got out of hand and turned into something quite different from what I'd originally intended. As I became more and more interested in the subject, I wandered farther and farther from my original purpose."[21] Ganz ähnlich äußerte er sich in einem Brief an Christopher Collins.[22] Für die Interpretation von *Brave New World* heißt das: Es gilt abzuschätzen, welchen Raum die anti-utopischen Elemente tatsächlich einnehmen, ob Huxley also zum Generalangriff auf die utopische Tradition bläst[23], oder ob es ihm gar nicht primär um eine Kritik des utopischen Denkens geht.[24] Der anti-utopische Gehalt von *Brave New World* bemißt sich also an der Häufigkeit und Gewichtung, mit der klassische utopische Elemente parodiert werden.

3. Es ist aber nicht nur zu prüfen, inwieweit *Brave New World* eine die Gegenwart satirisch angreifende negative Utopie ist und inwieweit der Roman im engeren Sinne anti-utopisch ist – eine „Utopie-Satire"[25] –, es ist auch abzuschätzen, inwiefern die von Huxley (im Anschluß an Wells, aber auch an Russell und Haldane) forcierte Häufung naturwissenschaftlich-technischer Details *Brave New World* in die Nähe der *Science Fiction*-Literatur rückt, deren aktuelles Konvergieren mit den negativen Utopien wohl nicht zu bestreiten ist.[26]

4. Wenn *Brave New World* also eine *negative Utopie* mit (möglicherweise) *anti-utopischen Tendenzen und SF-Elementen* ist, dann dürfte auch interessieren, welche Modifizierungen Huxleys Stoff durch die Konventionen der für ihn neuen Gattung erfährt. Meistert er sie, entwickelt er sie gar, oder kann er sie nur mechanisch anwenden? Wie gelingt ihm die Informationsvergabe? Wie sind narrative und diskursive Partien verteilt? Welche Details der Zukunftsgesellschaft sind bloß „sensationell", welche sind „telling symbols", an welcher

---

[21] George Plimpton (Hrsg.): Writers at Work. The ‚Paris Review Interviews', Second Series. New York ²1963, S. 198.

[22] Collins in: Der utopische Roman. Hrsg. von Villgradter/Krey, S. 330.

[23] So z. B. William W. Matter: The Utopian Tradition and Aldous Huxley. In: Science Fiction Studies, 2 (1974), S. 146–151; Dawson in: Aldous Huxley – The Critical Heritage. Hrsg. von Donald James Watt. London/Boston 1975, S. 217–219.

[24] So z. B. George Kateb: Utopia and its Enemies. New York 1963.

[25] Broich: Gattungen, S. 109.

[26] Vgl. dazu Eike Barmeyer (Hrsg.): Science Fiction. Theorie und Geschichte. München 1972; Broich: Gattungen, S. 126–127; Mühlheim in: Alternative Welten. Hrsg. von Pfister, S. 320/321.

Stelle wird der grundlegende Plan, der „Sinn" dieser Gesellschaft offenbart? In welchem Verhältnis steht eigentlich die negative Utopie zur gewohnten *novel of ideas?* Schließlich, direkt im Zusammenhang mit dieser Frage: Wohin zielt der Autor, wo ist *seine* Position im Spiel der negativen Utopie, die ja ihr eigenes Ideal kaum explizit formuliert, es sei denn in einer positiven Außenseiterfigur – die in *Brave New World* aber erst noch aufzuspüren wäre.

IV. Werkanalyse „Brave New World“

1. Der Einstieg

Die Utopie beginnt unvermittelt, abrupt. Die ersten vier Zeilen – ohne Verb! – lesen sich wie eine knappe Bühnenanweisung. Und doch lenkt diese Skizze der Szenerie die Vorstellungen des Lesers bereits meisterhaft, weil subtil, in die gewünschte Richtung: In dem fiktiven Weltstaat, dessen Motto „Community, Identity, Stability“ er zu verstehen glaubt, werden Gebäude mit 34 Stockwerken offenbar noch als relativ niedrig angesehen („squat“, „only“) – der Text indiziert die Perspektive der Zukunftsgesellschaft. Die Labors dieses „Central London Hatchery and Conditioning Centre“ werden gleich darauf näher beschrieben: Kühle, Blässe und Leblosigkeit sind die vorherrschenden Eindrücke – dann kommt die erste ironische Opposition: „And this [. . .] is the Fertilizing Room“ (*Brave New World,* 15; zitiert wird nach der Granada-Panther Taschenbuchausgabe). Das warme Leben der Zukunft kommt bezeichnenderweise aus der Kälte.

Das Problem der konzentrierten Informationsvergabe in der Exposition ist geschickt gelöst durch den Einfall, den Leser eine Gruppe neuer Studenten bei ihrer Einweisung und Führung durch die verschiedenen Abteilungen des Zentrums quasi begleiten zu lassen. So erfährt er (wie die Studenten, deren Fragen als Stichworte dienen) aus dem Munde des „Director of Hatcheries and Conditioning“ (D. H. C.) komprimiert das Wesentliche, das ihm aber nicht als total Fremdes, sondern eher wie etwas Selbstverständliches präsentiert wird. Eingeschränkt wird dieser technisch-formale Kniff allerdings durch die inhaltliche Grenze (die der Leser aber erst später erkennt), daß die Fragen der Studenten aus Gründen der Stimmigkeit, der utopischen System-Logik nicht *zu* intelligent ausfallen, niemals *zu* tief dringen dürfen.

Eher beiläufig und nüchtern ist auch die Informationsvergabe außerhalb der direkten Rede des D. H. C. In dieser Zukunftsgesellschaft, so klingt es an, soll jeder nur so viel wissen, wie für seine spezielle Arbeit gerade nötig ist. Man sieht den Menschen ihr Alter nicht an, es interessiert auch nicht (*BNW*, 16). An diesen Stellen

fungiert – sofern nicht in erlebter Rede Gedanken und Worte fiktionaler Figuren wiedergegeben werden – dezent ein auktorialer Erzähler, der sich etwas von der Perspektive der fremden Welt löst und sich dem Leser als Interpret andient.
Der sachliche bis beiläufige Ton wird auch in der anschließenden Erläuterung der künstlichen Befruchtung, des „Bokanovsky's Process" (Verfahren zur Vervielfältigung identischer befruchteter Ovula), und der „Podsnap's Technique" (Verfahren zur beschleunigten Reifung der Ovula) beibehalten – wobei „Erläuterung" eigentlich schon zu hoch gegriffen ist: Auch dem Leser wird nur, nicht anders als den Studenten, eine „general idea" vermittelt. Die im ersten Kapitel gehäuften wissenschaftlichen Details und Ausdrücke, die sich Aldous Huxley als *Nature*-Abonnent selbst zusammenstellte, ohne die fachkundige Hilfe seines Bruders Julian, interessieren nicht an sich, sondern als „suggestive details" (Gerber), die zunächst helfen sollen, eine bestimmte, kühl-wissenschaftliche Atmosphäre aufzubauen – Podsnap ist schließlich jene Dickens-Figur (aus *Our Mutual Friend*), deren Standard-Spruch „I don't want to know about it. I don't choose to discuss it" war. Huxley, der an anderer Stelle die Armut naturwissenschaftlich-technischer Phantasie bei den meisten Utopisten beklagte[1], hat hier nicht die Wissenschaft selbst im Auge – die skizzierten Bio-Techniken interessieren vielmehr, wie ausdrücklich vermerkt wird, als *Mittel*, als Instrument *zur synthetischen Stabilisierung einer hierarchischen Gesellschaft* – das ist der Zweck dieser erstaunlichen, „sensationellen" Verfahren (*BNW*, 18).
Während der leitende Angestellte Henry Foster, der nun dienstbeflissen die Führung übernimmt, diesen Zusammenhang zwischen standardisierter biologischer Massenfertigung und Stabilität der ungleichen Gesellschaft enthusiastisch weiter erklärt, bleibt eine auktoriale Kommentierung und explizite Wertung hier aus; nur kleine Einwürfe wie das „Progress" in der indirekten Rede des D. H.C. (*BNW*, 17) könnten ironisch gedeutet werden. Fosters Erläuterungen erhellen, daß wir im „Central London Hatchery and Conditioning Centre" nicht irgendwo sind, sondern an der *biologischen Basis* einer Gesellschaft, die ihre Nachkommenschaft schon vor der Geburt den Bedingungen einer stark arbeitsteiligen Produktionswelt anpaßt („Ninety-six identical twins working ninety-six identical machines! [...] The principle of mass production at last

[1] Aldous Huxley: Literature and Science (1963) and Science, Liberty and Peace (1947). London 1970, S. 40/41.

applied to biology." *BNW*, 18). Diese Anpassung erfolgt aber nicht nur in den Grobgliederungen Alpha bis Epsilon, mit den entsprechenden Plus-minus-Differenzierungen – die pränatale Spezialisierung ist viel weiter getrieben, indem z. B. zukünftige Bergleute und Stahlwerker an Hitze gewöhnt werden, Raketen-Mechaniker daran, kopfüber zu arbeiten (*BNW*, 24/25). In der Regel bedeutet diese Spezialisierung eine absichtliche Verarmung und Verkümmerung. Während nur die oberste Klasse optimale Förderung erfährt, wird das Entwicklungspotential der niederen Gesellschaftsklassen biochemisch reduziert, den niedrigen Anforderungen ihrer späteren Tätigkeiten angepaßt. Es regiert das ökonomische Denken („Long years of superfluous and wasted immaturity", *BNW*, 23), nach dem nicht die sozio-ökonomischen Verhältnisse zu vermenschlichen sind, sondern im Gegenteil der Mensch nach den „sachlichen" Erfordernissen der bestehenden Ordnung so zu formen ist, daß er schließlich in der Erfüllung seiner ihm zudiktierten Funktion sein ganzes Glück sieht: „[...] that is the secret of happiness and virtue – liking what you've *got* to do. All conditioning aims at that: making people like their unescapable social destiny" (*BNW*, 24). Der Zwangscharakter dieser Gesellschaft ist offenbar („unescapable"), das „Schicksal" als von anderen vorprogrammiertes entmystifiziert.

Waren im ersten Kapitel die Standardisierung und reduktive Spezialisierung *vor* der „Entkorkung" skizziert worden, so geht es im zweiten um die anschließende Konditionierung der Kleinkinder (selbes Gebäude, fünfter Stock). Genetische, bio-chemische Determination kombiniert mit wissenschaftlicher Verhaltenssteuerung – in diesem Staat ist nichts dem Zufall überlassen. Die Brutalität der Konditionierungs-Szene wirkt gerade in der sachlichen Schilderung schockierend und kraß. Doch Huxley fabuliert hier nicht: Der Begründer des amerikanischen Behaviorismus, J. B. Watson, hat Anfang der zwanziger Jahre tatsächlich Experimente durchgeführt, in denen Kindern mit Elektroschocks Ängste „an-konditioniert" wurden.[2] Da der Behaviorismus sich selbst als *Sozialtechnologie* versteht, die zum Ziel hat, über die Kontrolle des Verhaltens das Individuum an bestehende Bedingungen anzupassen, ist es wohl keine unfaire Unterstellung Huxleys, gerade diesen „social engineers" eine so wichtige Rolle in seiner Plan-Gesellschaft zuzuweisen. Huxleys Haltung zum Behaviorismus, dies nebenbei, hat zu widersprüchlichen Spekulationen Anlaß gegeben – war er nun „dafür"

---

[2] Vgl. Klaus-Jürgen Bruder: Psychologie ohne Bewußtsein. Die Geburt der behavioristischen Sozialtechnologie. Frankfurt 1982, S. 91, 158.

oder „dagegen"? Zwar hat er wiederholt das seiner Meinung nach zu enge, mechanistische Menschenbild der Behavioristen kritisiert – eine Psychologie, die glaubt, ohne den Begriff „Bewußtsein" auskommen zu können, und (damals) ihre Erkenntnisse allein an Tieren und Babies gewann, mußte Huxley äußerst suspekt sein.[3] Doch er erkannte die wissenschaftlichen Leistungen Pawlows und seiner amerikanischen Nachfolger durchaus an und verwandte in seinem Werk gerne behavioristische Modelle zur Erklärung menschlichen Verhaltens[4], allerdings meist in satirischer Absicht: Huxley war geradezu fasziniert von dem Gedanken, daß man alles, was am Menschen „groß" ist (Geist, Gefühl, edle Verhaltensweisen usw.), letztlich wissenschaftlich, z. B. mit dem Stimulus-Response-Schema, „erklären" kann – was für Huxley immer eine Reduktion bedeutete, die die Einmaligkeit des Menschen in Frage stellt, indem sie ihn als leicht auszurechnenden Mechanismus erscheinen läßt. Huxley war von dieser Sichtweise zugleich angezogen und abgestoßen, spielte mit der Idee, kontrastierte sie fiktional mit anderen[5], lehnte ihre Konsequenzen aber letztlich ab. Unabhängig davon hat er an der praktischen Effektivität behavioristischer Sozialtechnologie nie gezweifelt – nur so sind seine ständigen Warnungen zu erklären. *Brave New World* selbst ist sein umfassendster Kommentar zum verhaltenssteuernden „social engineering": Es funktioniert – leider.[6] *Brave New World* ist also genau genommen keine Kritik des Behaviorismus, sondern eine Warnung vor seiner manipulativen Anwendung.[7]

Doch zurück zum Text des zweiten Kapitels: Die Konditionierung gegen Bücher und Blumen wird klar begründet: „that was on grounds of high economic policy" (*BNW*, 29). Die späteren Staatsbürger sollen nicht ihre Zeit mit Lesen vergeuden, sollen nicht in die Natur fahren, um sich dort an Flora und Landschaft kostenlos zu

---

[3] Vgl. Huxley: Proper Studies, S. 13–17.

[4] Z. B. Music at Night, S. 175–183; Brave New World Revisited. New York 1958, S. 13, 87 ff.; Text and Pretexts (1932). London 1959, S. 100.

[5] Vgl. Huxley: Music at Night, S. 40–42; Sisirkumar Ghose: Aldous Huxley. Cynical Salvationist. Bombay 1962, S. 115 ff.

[6] Zu diesem Punkt vgl. Ludwig Holz: Methoden der Meinungsbeeinflussung bei Orwell und Aldous Huxley. Hamburg 1963; Firchow: Science and Conscience, S. 301–316.

[7] Diese wichtige Unterscheidung wird z. B. nicht gemacht in dem materialreichen, doch wenig differenzierten Artikel von Jerome Meckier: Our Ford, our Freud and the Behaviorist Conspiracy in Huxley's Brave New World. In: Thalia: Studien in Literary Humor (Ottawa) 1, 1 (1978), S. 35–59.

erfreuen – statt dessen gilt es, möglichst energie- und materialaufwendig zu konsumieren (*BNW*, 30). Während also im ersten Kapitel die bio-chemische Anpassung an den *Produktions*-Sektor gezeigt wurde, ist der Anfang des zweiten Kapitels der Anpassung an den *Konsum*-Sektor dieser offensichtlichen Verschwendungsgesellschaft gewidmet. In beiden Fällen ist der Mensch dem ökonomischen System untergeordnet, ein bloßes Objekt der Verhältnisse.

Das dritte utopische Mittel zur sozialen Kontrolle und Stabilisierung ist *Hypnopaedia*, das Eintrichtern von prä-rationalen Einstellungen und sozialen Vorurteilen während des Schlafens. So wird den Kindern ein Klassenbewußtsein anerzogen („Elementary Class Consciousness", *BNW*, 32), aber eines, das sie mit ihrer jeweiligen Lage zufrieden sein läßt, für die erniedrigte Mehrheit also ein Klassen*un*bewußtsein. Diese Art von „Erziehung" eröffnet keine Möglichkeiten, sondern verschließt sie („drops of liquid sealing-wax", *BNW*, 34), hat die *Verewigung des Bestehenden* zum Ziel.

Genetik, Biochemie, Verhaltenssteuerung durch konditionierte Reflexe und die systematische Manipulation des Unterbewußten – Huxleys Utopier leben in einem determinierenden Zwangs-Käfig, einer wissenschaftlich stabilisierten hierarchischen Gesellschaft, die sich – „the ultimate revolution" (*BNW*-Foreword, 10) – ihre Bürger nach ihren Erfordernissen selbst herstellt; einer Gesellschaft, in der zwangsläufig den traditionellen Begriffen von Freiheit, Bewußtsein („Till at last the child's mind *is* these suggestions, and the sum of these suggestions *is* the child's mind", *BNW*, 34) und Wahrheit („Sixty-two thousand four hundred repetitions make one truth", *BNW*, 47) keine Realität mehr entspricht.

Huxley liefert in den Kapiteln 1 und 2 den Grundplan und das Fundament der Gesellschaft von Brave New World; dabei ist der bloß rudimentäre *plot* vollkommen (doch geschickt) dem Ziel der Informationsvergabe untergeordnet. Die folgenden Kapitel bieten nun – parallel zur Einführung der Haupthandlungsträger und meistens durch sie vermittelt – die zum genaueren Verständnis dieses „non-violent totalitarianism" (so Huxley in *Brave New World Revisited*) notwendigen Ergänzungen: Wie funktioniert diese stabilisierte Mega-Maschine konkret? Erst danach stellt sich die Frage nach ihrem *letzten* Grund, dem *Wozu* und *Warum*.

Im dritten Kapitel wird die Gesellschaftsordnung von Brave New World aus der Geschichte ihrer Entstehung erklärt. Diese Gesellschaft ist mit unserer nicht allein dadurch verbunden, daß sie voller satirischer Extrapolationen moderner Tendenzen ist, sie wird auch durch eine erfundene Historie mit unserer Gegenwart verknüpft: Es gibt keinen totalen Traditionsbruch.

Der geschichtliche Vortrag des souverän wirkenden, offen sprechenden „World Controllers" Mustapha Mond – der im Gegensatz zu den kleineren Nummern des Systems Zugang zu den offiziell verpönten Werken der Geschichte, Literatur und Religion hat – beginnt mit einer eindrucksvollen Schilderung der Wohnungsnot, des hygienischen und psycho-sexuellen Elends einer typischen Kleinfamilie der „Vergangenheit", die als unerbittliche Neurotisierungs-Instanz entlarvt wird (*BNW*, 40/41). Ganz unabhängig davon, daß den Studenten der Brave New World Ausdrücke wie „home", „family", „mother", „father", „parent" obszön vorkommen – die Familie ist ja abgeschafft und das animalische „Lebendgebären" auch –, gelingt es Huxley meisterhaft, über die Rede Monds tatsächlich den Eindruck früherer Enge, Primitivität und Irrationalität zu vermitteln. Der Gedankengang, daß unter den neurotisierenden Bedingungen der monogamen Kleinfamilie mit all ihren engen, exklusiven Bindungen, extremen Leidenschaften und harschen Verboten die Menschen unglücklich sein *mußten*, auch instabil, weil Spielbälle ihrer unverstandenen, aufgestauten Gefühle, hat durchaus etwas Bestechendes (*BNW*, 41–43). Die Plausibilität der Argumentation muß allerdings den aufmerksamen Leser eher verunsichern, war doch zuvor die Position Monds durch den sonst kaum in Erscheinung tretenden auktorialen Erzähler unverhohlen diskreditiert worden: In der „History is bunk" / „Whisk"-Passage (*BNW*, 38) hatte dieser zum ersten und einzigen Male in den drei Einführungskapiteln unstreitig die Maske des vermeintlich neutralen Vermittlers fallengelassen – das Wegwischen des reichen historischen Kulturerbes (direkt kontrastiert mit den utopischen „feelies", *BNW*, 38) findet unmißverständlich *nicht* seinen Beifall. Der Leser kann aber den Standpunkt des Autors selbst nicht leicht orten, wenn er gleich darauf eingeladen wird, der verführerisch stringenten Argumentation Monds zu folgen, der schlüssig entwickelt, wie die Summierung individueller Instabilität die Gesellschaft als Ganzes bedroht, besonders ihren Produktions-Sektor, der auf reibungsloses Funktionieren eingestellt ist – und sei es zur Versorgung der rapide anwachsenden Weltbevölkerung: „The machine turns, turns and must keep on turning – for ever. It is death if it stands still" (*BNW,* 44). Die Stabilisierung der Menschen und damit der Gesellschaft war somit, nach Mond, eine unabweisbare Notwendigkeit. Die der dringend gebotenen Abschaffung der Familie, der Einrichtung von *Hypnopaedia* und eines bio-chemisch begründeten Kastenwesens entgegenstehenden Kräfte des Christentums, des Liberalismus und der Demokratie (*BNW,* 47) verloren allerdings, so Mond weiter, erst nach dem vernichtenden „Nine Years War" an Einfluß. Die Art des ökonomisch-gesellschaftlichen Wiederaufbaus nach diesem Krieg verrät, wer nun das Sagen hat. Zunächst versuchte man es mit Zwang: „[. . .] there was the conscription of consumption. [. . .] Every man, woman and child compelled to consume so much a year. In the interests of industry" (*BNW,* 49).

Doch die Bevölkerung reagierte mit Verweigerung, Konsumstreik: „The sole result [. . .] conscientious objection on an enormous scale. Anything not to consume. Back to nature. [. . .] Back to culture. Yes, actually to culture. You can't consume much if you sit still and read books" (*BNW,* 49). „Simple Lifers" and „culture fans" wurden erschossen, vergast – ihre Opposition ging an das Fundament des Systems, das sich jedoch als flexibel und lernfähig erwies: Es erkannte, daß die sanfte Gewalt der Suggestion und Konditionierung das Bestehende letztlich effektiver stabilisiert als die offene, gewalttätige Konfrontation mit der Fundamentalopposition. Das System wird im Hirn der Menschen verankert und kann sich jederzeit auf deren –synthetisch herbeigeführte – Zustimmung berufen: „the final revolution".

Die Gesellschaft der Brave New World ist die der „waste-makers" und Konsumnarren, in der „underconsumption [. . .] positively a crime against society" ist (*BNW,* 51). Ihre Zeitrechnung beginnt sinnigerweise mit der Produktion des ersten Ford T-Modells (1908, also spielt der Roman im Jahre 2540 n. Chr.), einem Schüsseldatum *industrieller Massenproduktion,* aber auch *Massenkonsumtion;* denn Henry Ford, der als Gott der Brave New World gilt, steht nicht nur für Taylorisierung und Optimierung der Fließbandarbeit – er ist auch der „Erfinder" des durch Höchstlöhne ermöglichten Massenkonsums, der „demand-side economics".

Dieser Konsum-Sektor der Brave New World wird viel ausführlicher präsentiert als der produktive Bereich – Brave New World ist in erster Linie die *consumer society,* die Wegwerfgesellschaft, deren Bürger auf Vergeudung konditioniert werden („The more stitches, the less riches. Ending is better than mending“, *BNW*, 51). Ob sie nun „Escalator Squash“, „Centrifugal Bumble-puppy“, „Riemann surface tennis“, „Obstacle“ oder „Electro-Magnetic Golf“ spielen – all diese Freizeitvergnügen müssen besonders energie- und materialaufwendig sein, sonst werden sie gar nicht genehmigt (*BNW*, 35). Selbst die Zeit ist nun dazu da, vergeudet zu werden (*BNW*, 78). Ein zweites Merkmal der Freizeitvergnügungen in *Brave New World* ist, daß sie die geistige Eigenaktivität der Menschen unterbinden. Ruhige Sammlung und Privatheit sind ausgemerzt – propagiert wird dagegen die hektische, bloß äußerliche Geschäftigkeit der reizsüchtigen Herde der „pleasure hunters“. Der Nachthimmel versetzt Lenina in Angst und Schrecken: „But it's horrible. [. . .] Let's turn on the radio. Quick!“ (*BNW*, 79). Lesen und Denken sind konsumfeindlich und individuell , bedrohen das System also doppelt („When the individual feels, the community reels“, *BNW*, 82). Dieser „Wirtschaftsstaat der Zukunft“[8] benötigt – ökonomisch wie politisch – den idealen Verbraucher, den passiven Rezipienten, der auf Reize von außen angewiesen ist, weil sein innerer Reichtum ihm beizeiten ausgetrieben wurde. Der seiner Individualität entleerte *homo felix et stultus*[9] läßt sich beliebig abfüllen. Die „cool media“ der Brave New World, die nur geringes inneres Engagement voraussetzen[10], weil sie sich (Beispiel „feelies“) dem Betrachter förmlich aufdrängen (vgl. *BNW*, 136 ff.), haben also nicht nur eine ökonomische Funktion (sie sind konsumierbar), dahinter steckt auch eine sozial-psychologische Absicht: *Der passive, total verkabelte, außengeleitete* (Riesman) *Verbraucher ist der ideale Untertan.* In dieser „hell of pleasure“[11], in der „conspicuous consumption“ (Veblen) zum kollektiven Merkmal *aller* Klassen geworden ist, dient das permanente Vergnügen vor allem dem Machterhalt, wie Huxley unzweideutig in *Brave New World Revisited* klargestellt hat: „In *Brave New World* non-stop distractions of the most fascinating nature [. . .] are deliberately used as instruments of policy, for the purpose of preventing people from paying

[8] Holz: Methoden der Meinungsbeeinflussung, S. 5.

[9] So Peter Firchow: Aldous Huxley. Satirist and Novelist. Minneapolis 1972, S. 123.

[10] Die nützlichen Begriffe „cool“ and „hot media“ stammen von Marshall Mc Luhan, der allerdings überzeugt ist, daß TV „hot“ sei, ein Buch dagegen „cool“ [!]. Zur Kritik dieser Verwendung siehe Sidney Finkelstein: Sense and Nonsense of McLuhan. New York 1968. Ansonsten: Gerald Emanuel Stearn (Hrsg.): McLuhan Hot and Cool. A Primer for the Understanding of and a Critical Symposium with Responses by McLuhan. Harmondsworth 1968.

[11] Kateb: Utopia and its Enemies, S. 235.

too much attention to the realities of the social und political situation."[12]
Die auf materiellen Konsum orientierende Habengesellschaft (bezeichnenderweise wird das rituelle Zeichen des „T" über dem *Magen* geschlagen, *BNW*, 31) bringt den ihr adäquaten Sozialtypus hervor: den reibungslos funktionierenden Angepaßten, der sich allen Konventionen unterwirft, der seine Sicherheit und sein Selbstwertgefühl aus seinem Besitz und Konsum bezieht (*„Ich bin, was ich habe und was ich konsumiere"*[13]), nicht aus seinem Sein, und der immer auf der Flucht vor innerer Leere ist. Huxley selbst nannte einmal das Haben-Müssen den wichtigsten Zug des modernen Erfolgsmenschen.[14] In *Brave New World* ist noch eine weitere, verwandte Eigenschaft dieses Haben-Typus ausgeführt: seine weitgehende Unfähigkeit, die Befriedigung von Bedürfnissen aufzuschieben und Frustration zu ertragen. „Feeling lurks in that interval of time between desire and its consummation", erklärt Mustapha Mond und folgert: „Shorten that interval, break down all those old unnecessary barriers" (*BNW*, 45). So plappert Lenina wie Millionen anderer nach: „Never put off till tomorrow the fun you can have today" (*BNW*, 82). Zwar glaubt der manipulierte Konsumtrottel, durch Konditionierung versklavt (*BNW*, 80), selbst fest: „everybody is happy now" (*BNW*, 82) – doch seine extrem niedrige Frustrationstoleranz weist ihn als „ewigen Säugling" aus[15], der, auf sich allein gestellt, ohne die künstlichen Stützen des Systems, das ihn quasi süchtig gemacht hat, verloren wäre.
Brave New World ist in dieser Hinsicht eine grundsätzliche, bittere „critique of the consumer society"[16], des sozialtechnologisch verbreiteten Konsumwahns. Das Motto dieser *Konsum-Utopie* – „Community, Identity, Stability" – steht, ein übles Wortspiel, für die festgeschriebene kollektive Versklavung der Gleichgeschalteten. Daß jedoch dieser Zusammenhang zwischen *consumer society* und Sozialtechnologie nicht gar so weit hergeholt ist, beweist wieder der Vater des Behaviorismus, J. B. Watson, der konsequenterweise vom Uni-

[12] S. 56. Vgl. Martin Kessler: Power and the Perfect State. A Study in Disillusionment as Reflected in Orwell's 1984 and Huxley's Brave New World. In: Political Science Quarterly, 72 (Dec. 1957), S. 565–577.
[13] Erich Fromm: Haben oder Sein. Die seelischen Grundlagen einer neuen Gesellschaft. München 1979, [9]1981, S. 37. Die Begriffe dieser Passage stammen aus Fromms Buch.
[14] Huxley: Proper Studies, S. 255.
[15] Fromm: Haben oder Sein, S. 36/37.
[16] Ferns: Aldous Huxley, S. 139/140.

versitätsinstitut in eine Werbeagentur überwechselte, in der er es immerhin zum Vize-Präsidenten brachte.[17]

Huxleys Darstellung der Aspekte Sexualität, Drogen und Religion folgt stringent aus der Logik des Konsumbereichs. Die Sexualität der Brave New World ist gekennzeichnet durch allgemeine Promiskuität („Everyone belongs to everyone else"). Es ist nicht schicklich, öfters mit demselben Partner auszugehen, und ein Mädchen, das auf seinen Ruf bedacht ist, hat so viele Liebhaber wie nur möglich. Alles ist darauf angelegt, tiefere Gefühlsbindungen gar nicht erst aufkommen zu lassen. Der Geschlechtsverkehr bleibt „fun", Gelegenheit zu eher technischen Meisterleistungen („ ‚Everyone says I'm awfully pneumatic', said Lenina reflectively, patting her own legs", *BNW,* 81).

Wie Huxley in seinem Essay „Fashions in Love" (in *Do What You Will)* ausführte, mußte die Verbreitung der Empfängnisverhütung notwendigerweise zu tiefgreifenden Veränderungen des Liebesverhaltens führen – die totale Umkehrung der konventionellen Werte in der Brave New World (vgl. *BNW.* 44) erklärt sich aber nicht allein daraus, daß in dieser Gesellschaft Sexualität und Fortpflanzung voneinander unabhängig sind („ectogenesis") und Sterilisation („freemartins") und Geburtenkontrolle („Malthusian belts"), die immerhin die Zahl der Weltbevölkerung auf zwei Milliarden beschränken (*BNW,* 39), systematisch betrieben werden. Die verordnete Promiskuität hat, wie oben angedeutet, wieder einen sozialpsychologischen Zweck, wird deshalb auch früh vorbereitet und schon bei Kindern verstärkt (*BNW,* 35/36): Sie dient, da tiefere Gefühle unterbunden werden, wieder der Stabilisierung der Gesellschaft.

Darüber hinaus bietet diese Form der Sexualität ein genaues Abbild des dominierenden Konsumbereichs. Hier wie dort gilt der *Grundsatz der allgemeinen Verfügbarkeit.* So wie eine ausgestellte Ware im Prinzip jedermann zugänglich ist, machen sich auch die Männer und Frauen der Brave New World allgemein zugänglich, metaphorisch gesprochen: *zu Waren.*[18] Exklusivität, Privatheit und Qualität der Liebesbeziehung sind aufgegeben zugunsten von allgemeinem Zugang, Flucht ins Getümmel und quantifizierender Betrachtung („She was a popular girl and, at one time or another, had spent a night with almost all of them", *BNW,* 55). Die Liebe wird zu Markte getragen,

---

[17] Vgl. Bruder: Psychologie ohne Bewußtsein, S. 167/168, 171.

[18] Vgl. dazu Dieter Duhm: Angst im Kapitalismus. Lampertheim [13]1976; ders.: Warenstruktur und zerstörte Zwischenmenschlichkeit. Lampertheim [4]1975.

wo bekanntlich allgemeiner Austausch herrscht – „like meat, like so much meat", empört sich Bernard Marx (*BNW*, 52). Der Wert des Körper-Kapitals – um diese Analogie weiterzuverfolgen – bemißt sich an der Geschwindigkeit der Zirkulation, der Umsatz an der Häufigkeit des Tausches. Da jeder sein eigener Verkäufer ist, putzt man sich heraus (vgl. die Passage „Lenina got out of the bath, ...", *BNW*, 40). Doch solcher Reiz bleibt äußerlich; wahre Schönheit, so Huxley in *Music at Night*, kommt allein von innen[19], und so verpaßt er der sonst so attraktiven Lenina demonstrativ eine Hautflechte (*BNW*, 25).

Doch Huxleys Haltung ist nicht ganz so eindeutig. Wie ihm schon Monds Referat über das historische Familienleben „zu überzeugend" geraten war[20] – sicher nicht zufällig, da er selbst die Kleinfamilie nicht gerade für einen Hort der Glückseligkeit hielt[21] –, so verweist hier die allgemein akzeptierte sexuelle Promiskuität zurück auf die gegenwärtige Tatsache, wie wenig hinterfragt wird, was „man tut".[22] In *Brave New World* ist die Sexualmoral des „anständigen" Bürgers auf den Kopf gestellt – und somit als vorübergehende Mode („Fashion in Love") relativiert; andererseits wird aber das schale Ergebnis einer vermeintlichen sexuellen Revolution präsentiert, das sich nun gar nicht mehr so reizvoll wie erwartet ausnimmt. Huxley läßt diese Opposition so stehen.

Der Drogenkonsum in Brave New World hat, wie die Sexualität, vor allem einen sozialpsychologischen politischen Zweck: „In the Brave New World", schreibt Huxley 1958, „the Soma habit was not a private vice; it was a political institution, it was the very essence of the Life, Liberty and Pursuit of Happiness guaranteed by the Bill of Rights."[23] Der infantilisierte Konsument mit der extrem niedrigen Frustrationstoleranz braucht die Wunderdroge *soma* als letzten Notanker – sollte sich trotz aller Planung doch etwas Unangenehmes einstellen, eine Depression drohen, sind die „happy-pills" („a gramme is better than a damn") gleich zur Hand. *Soma* verhindert die Entwicklung und Reifung der Persönlichkeit, weil es die ernsthafte Auseinandersetzung mit der Außenwelt (auch mit sich selbst) überflüssig macht und die Existenz auf das bloße Jetzt beschränkt:

---

[19] The Beauty Industry, S. 228–236.

[20] Vgl. Ferns: Huxley, S. 144.

[21] Vgl. Berthold Thiel: Aldous Huxley's Brave New World. Amsterdam 1980, S. 71.

[22] Vgl. Ferns: Huxley, S. 141.

[23] Huxley: Brave New World Revisited, S. 100.

„Was and will make me ill; I take a gramme and only am" (*BNW,* 89). Der gedopte Bürger lebt wie der Foetus in der Flasche – geschützt und abgeschirmt: „Swallowed half an hour before closing time, that second dose of *soma* had raised a quite impenetrable wall between the actual universe and their minds. Bottled, they crossed the street; bottled they took the lift up to Henry's room on the twenty-eighth floor." (*BNW,* 70).
Die unmögliche Universaldroge (Huxley: „Soma is an imaginary drug, with three different effects – euphoric, hallucinant, or sedative – an impossible combination."[24]) ist die ideale Systemstütze und wird daher auch täglich an die Gammas, Deltas und Epsilons ausgegeben (*BNW,* 134). So ist es nur logisch, daß die Revolte des Mr. Savage genau an diesem Punkt ansetzt. Er will die Ausgabe der *soma*-Ration verhindern („I come to bring you freedom", *BNW,* 169) und erntet doch nur den wütenden Protest der „befreiten" Süchtigen: Ihnen, den Freiheitsunfähigen, ist das chemische Korsett zur Notwendigkeit geworden, die entfremdete Existenz zur einzig möglichen. Die Droge perpetuiert die Unmündigkeit und schafft sich so selbst die Voraussetzungen ihres Konsums. Diese Gesellschaftsordnung basiert auf dem *Nicht-Bewußtsein* ihrer Mitglieder – welch utopischer Gedanke.
Die Behandlung der Religion in *Brave New World* scheint kaum Probleme aufzuwerfen. Der Fordismus – als Philosophie der Massenproduktion und Massenkonsumtion – ist, rein formal, offensichtlich dem Christentum nachgestaltet: Das Zeichen des Kreuzes ist konsequent durch das „T" des erfolgreichsten Ford-Automobils ersetzt worden (so wird auch aus „Charing Cross" „Charing T"), „Our Lord" durch „Our Ford", „Lordship" durch „Fordship" usw. Die amerikanische Zeitschrift „Christan Science Monitor" taucht als „Fordian Science Monitor" wieder auf, und selbst Robert Brownings Zeilen „God's in his heaven – All's right with the world" sind zu „Ford's in his flivver . . ." transformiert. Der Witz liegt hier allein in einer ausgesponnenen formalen Analogie zwischen Fordismus und Christentum, während bei den Riten der Zukunftsreligion offenbar zusätzlich andere religiöse Vorbilder Pate standen: Die massenhaften „Community Sings" und das regelmäßige „orgy-porgy" der kleineren „Solidarity Groups" (*BNW,* 70–76) befriedigen ein Bedürfnis nach Ekstase und Einswerdung. Huxley schildert diese Befriedigung – häufig übersehen – ausdrücklich als echte, nicht oberflächliche:

---

[24] In: Writers at Work. Hrsg. von Plimpton, S. 205.

> Hers was the calm ecstasy of achieved consummation, the peace, not of mere vacant satiety and nothingness, but of balanced life, of energies at rest and in equilibrium. A rich und living peace. For the Solidarity Service had given as well as taken, drawn off only to replenish. She was full, she was made perfect, she was still more than merely herself. (*BNW*, 76)

Der wirklich Unbefriedigte ist in diesem Falle der Außenseiter Bernard Marx: „He was miserably isolated now as he had been when the service began – more isolated by reason of his unreplenished emptiness – his dead satiety. Seperate and unatoned, while the others were being fused into the Greater Being." (*BNW*, 76). Die Religion ist hier in zwei Grundelemente zerlegt: das Rituelle und – damit verknüpft – die ich-auslöschende Ekstase („I drink to my annihilation", *BNW*, 72). Es zeugt im Grunde von einer erschrekkenden Unkenntnis der Religionsgeschichte und von einer befremdend engen Vorstellung von Religion überhaupt, wenn Huxley-Kritiker ausgerechnet hier die Analogie Fordismus/Religion *enden* sehen und abschätzig von „Pseudoreligion" sprechen[25], sich nur noch an „Niggertänze" erinnert fühlen[26], *näherliegende* Parallelen aber nicht erkennen mögen. Dagegen hatte sich Huxley schon in *Proper Studies* (S. 171 ff.) geweigert, zwischen „eigentlicher" und „Pseudo-Religion" zu unterscheiden. Es gebe eben „solitaires", die nach „pure spirituality" strebten, doch „for the great majority of men and women religion still means, what it has always meant, formalized social religion, an affair of rituals, mechanical observances, mass-emotions." Das eine sei so gut Religion wie das andere.

Die Behandlung der Religion in *Brave New World* zeigt ihre systemstabilisierende Ventilfunktion: ein Bedürfnis der Menschen wird aufgegriffen, befriedigt, integriert. Hier in *Brave New World* gilt Huxleys Augenmerk also noch ganz der *sozialen Funktion* der Religion, erst später wird er zwischen den Qualitäten religiöser Erfahrung scharf unterscheiden: „Christ promised to be present where two or three are gathered together. He did not say anything about being present where thousands are intoxicating one another with herd-poison."[27]

Die Gesellschaft von Brave New World ist, um zusammenzufassen, eine *synthetisch stabilisierte Klassengesellschaft,* in der eben diese soziale

[25] So Tuzinski: Devolutionistische Utopie, S. 176.

[26] So Wolf-Dietrich Müller: Die Geschichte der Utopia-Romane der Weltliteratur. Münster 1938, S. 177.

[27] Huxley: Brave New World Revisited, S. 69.

Stabilität der höchste Wert ist. Alles andere – die diversen Methoden der Gleichschaltung und beschneidenden Spezialisierung – leitet sich daraus ab, ist bloß Mittel zum Zweck: „ ‚Stability', said the Controller, ‚stability. No civilization without social stability. No social stability without individual stability. [. . .] Stability', insisted the Controller, ‚stability. The primal and the ultimate need. Stability. Hence all this' " (*BNW*, 44). Die Differenz zwischen Individuum und Gesellschaft ist im Sinne der Verhältnisse aufgehoben; die Stabilität ist erzielt durch Anpassung der Menschen an die Verhältnisse, nicht durch die Änderung der Bedingungen zugunsten der Menschen. In dieser Einswerdung ist die Gefahr der Revolte eliminiert, im Wortsinne *undenkbar* gemacht: „Round pegs in square holes tend to have dangerous thoughts about the social system and to infect others with their discontents" (*BNW*-Foreword, 13) – das ist hier ausgeschlossen.
Während aber die gesellschaftlichen Bereiche Konsum und Freizeit, Sexualität und Religion im Roman eine detaillierte Schilderung erfahren, ist der eigentliche Produktionssektor (sieht man von den Laborarbeiten ab) auffallend ausgespart. Beachtung finden allein die Alphas und Betas – auf die Gamma- bis Epsilon-Arbeiter blickt man bloß herab, vom Hubschrauber aus (*BNW*, 58/59). Die „oben" haben Helikopter, „rocket-planes" und Lufttaxis zur Verfügung – die „unten" müssen mit „monorail tramcars" vorliebnehmen. Die Frage nach dem Eigentum an den Produktionsmitteln wird nicht gestellt, nicht beantwortet – sie erübrigt sich auch, denn die *Verfügungsgewalt* liegt eindeutig bei den Alphas, in letzter Instanz bei den zehn „World Controllers". Daß dies nicht erörtert wird, ist Absicht. Es geht in *Brave New World* um die Knechtung, die Bewußtseinsmanipulation *jenseits* der Ökonomie; doch die außerökonomischen Bereiche dieser Gesellschaft sind immerhin so skizziert, daß sie unzweideutig auf den nicht gestalteten „Rest" verweisen.

3. Die Figuren

Aldous Huxley hat wiederholt freimütig eingeräumt, er sei kein geborener Romanautor, nicht nur der Aufbau einer Handlung, sondern auch das Erfinden und Zeichnen von Figuren bereite ihm

einige Schwierigkeiten.[28] Sein Gesellschaftsentwurf in *Brave New World* kommt diesen literarisch-technischen Schwächen sehr entgegen: In einer fiktiven Gesellschaft, deren Kennzeichen es gerade ist, daß in ihr die Menschen ihrer Individualität weitgehend beraubt sind, verbietet sich die Einführung feindifferenzierter Individual-Figuren von selbst. Es bleibt also dabei, daß wir auch in *Brave New World* mit einigen „stock figures" aus Huxleys Repertoire konfrontiert werden, deren Reiz nicht in einer kunstvoll ausbalancierten Komplexität besteht, sondern eher in den Funktionen liegt, die sie in Parallelität oder Opposition zu anderen im Gesamtgefüge des Romans erfüllen. M. a. W.: Huxleys Figuren sind wieder in erster Linie Verkörperungen bestimmter Haltungen und Einstellungen, vorzugsweise solcher, die von der Norm der Brave New World *abweichen,* denn allein daraus kann sich ja – in dieser stromlinienförmigen Fiktiv-Welt – dramatische Spannung ergeben: Die Normalität dieser Welt allein liefert keinen Handlungsstoff.
Doch ehe die Abweichung dramatisch inszeniert werden kann, muß erst einmal die Norm etabliert werden. Das geschieht bis ins dritte Kapitel hinein über die Diskurse des D. H. C., Henry Fosters und des World Controllers Mustapha Mond in einer so stark konzentrierten Weise, wie man es sonst beim eher zur literarischen Breite neigenden Huxley nicht findet. Formales Glanzstück dieser geschickt komprimierten Exposition ist das dritte Kapitel, in dem (ab *BNW,* 37) fünf verschiedene Ebenen – (1) der Vortrag Monds; (2) Henry Foster, der „Assistant Predestinator" und Bernard Marx im Umkleideraum der Männer; (3) Lenina Crowne und Fanny in dem der Frauen; (4) Samoa; (5) die „nurseries" – gekonnt montiert werden, so daß ein qualitativ vollkommen neuer Effekt eintritt: Die Ausführungen Monds über die schreckliche Vergangenheit werden konkret kontrastiert mit den neuen Konventionen (Lenina, Fanny, Foster), während der unorthodoxe Außenseiter Bernard Marx im Wechsel der Ebenen quasi als Atavismus präsentiert wird. Je mehr die Frequenz der Ebenenwechsel zunimmt (ab *BNW,* 46), desto deutlicher wird das kunstvolle Spiel der Verknüpfungen und Oppositionen: Spricht Mond z. B. mit den Studenten über die Schrecknisse von Frustrationen, so wird gleich der genau daran leidende Bernard Marx dazwischengeblendet (*BNW,* 46). Wenn Mond die verantwortungslose „under-consumption" erwähnt, folgt kontrastierend der *Hypnopaedia*-Satz „I love new clothes, I love new clothes ..." (*BNW,* 51). Manche Oppositionen sind zwar nur als witzige

---

[28] Vgl. Writers at Work. Hrsg. von Plimpton, S. 205/206.

Kabinettstückchen aufzufassen: „There was also a thing called God. – It's real morocco-surrogate./ There was a thing called the soul and a thing called immortality. – Do ask Henry where he got it." (*BNW,* 52). Doch im ganzen wie auch in den meisten Details ist dieser „cutting dialogue" etwas ganz anderes als nur ein Abbild moderner „Sinnentleerung und [. . .] Beziehungslosigkeit"[29] – die Abfolge der Ebenen ist inhaltlich sinnvoll und geplant, überhaupt nicht willkürlich.[30]

Diese Form enthebt Huxley auch der Versuchung, über den auktorialen Erzähler explizit wertend zu kommentieren (der er nicht immer widerstehen kann, vgl. die oben erwähnte „Whisk"-Passage, *BNW,* 38): Die Anordnung des Materials spricht für sich und ist zugleich ein Lehrbuchbeispiel für die Funktion, die fiktive Figuren bei Huxley erfüllen: sie sind primär Träger von Einstellungen und Haltungen. Nur so kann es ihm gelingen, schon in diesem „cutting dialogue", der szenisch und unkommentiert bleibt, das Fundament für den eigentlich erst im vierten Kapitel einsetzenden Haupt-*plot* zu legen: die Figuren Lenina, Foster und Bernard Marx sind bis dahin schon hinreichend eingeführt, allein durch ihre Einstellungen und Haltungen.

Ein Blick auf Lenina: Die ungemein attraktive Laborassistentin, die wie ihre Geschlechtsgenossinnen in Brave New World (mit Ausnahme der Eton-Head Mistress) keine leitende Stellung einnimmt (was aber bis heute kaum einem Kritiker besonders aufgefallen ist), verkörpert in vieler Hinsicht die weibliche Norm der Zukunftsgesellschaft. Sie ist vergnügungssüchtig, konsumorientiert, promiskuitiv. Weit davon entfernt, „pervers" zu sein[31], ist sie lediglich die leidlich gut funktionierende Angepaßte – leidlich gut, weil ihre Tendenz, über einen längeren Zeitraum (4 Monate!) mit nur einem Partner zu gehen, berechtigte Zweifel an ihrer „Moral" aufkommen läßt (*BNW,* 42–44). Diese Tendenz zum Unorthodoxen scheint durch ihr Kindheitserlebnis (*BNW,* 67) nur unzureichend begründet, disponiert sie aber hinlänglich für ihre ganz und gar nicht normgerechten Gefühle dem Wilden gegenüber („But he's the one I want", *BNW,* 152). Die „pneumatic" Lenina (das Adjektiv hat Huxley T. S. Eliots „Whispers of Immortality" entnommen) ist also gerade so Brave New World-normgerecht, daß sie den im Kontrast grotesk wirken-

---

[29] Schulte Herbrüggen: Utopie und Anti-Utopie, S. 142.

[30] Vgl. Henderson: Huxley, S. 94–103; Keith M. May: Aldous Huxley. London 1972, S. 105/106.

[31] So aber Tuzinski: Devolutionistische Utopie, S. 110.

den Widerpart des Wilden übernehmen kann, aber auch gerade so abweichend, daß ihre ernste Zuneigung zu ihm glaubhaft scheint. Lenina tritt übrigens kaum jemals auf, ohne irgendwelche Reißverschlüsse auf- oder zuzuziehen. Huxley scheint also – dies nebenbei – im Reißverschluß, der erst in den zwanziger Jahren größere Verbreitung fand, das perfekte, faszinierende Symbol der modernen Konvergenz von Sex und Technik gesehen zu haben.[32]

Der Außenseiter Bernard Marx mag – gerade weil er Außenseiter ist – eine interessantere Figur als Lenina sein, komplex motiviert ist auch er nicht. Sein ganzes Verhalten – sein Haß auf die anderen, seine Melancholie, seine Einsamkeit und Isolation, seine ihn verzehrenden, schmerzlichen Gefühle, sein Bestehen auf Individualität und Privatheit – wird in ursächlichen Zusammenhang gebracht mit seinem gigantischen Minderwertigkeitsgefühl, das wiederum in seiner, wildeste Spekulationen auslösenden, körperlichen Anormalität wurzelt:

> Contact with members of the lower castes always reminded him painfully of his physical inadequacy. [. . .] The mockery made him feel an outsider; and feeling an outsider he behaved like one, which increased the prejudice against him and intensified the contempt and hostility aroused by his physical defects. Which in turn increased his sense of being alien and alone. (*BNW*, 60)

Gefangen in diesem „vicious circle" bestätigt er nur immer wieder aufs neue seine „unsavoury reputation" (*BNW*, 37), wenn er mit der überzogenen Bestimmtheit des Unsicheren auftritt und sich in manch anderer Hinsicht einfach „odd" benimmt. Selbst bei seinem Freund Helmholtz kann er das abstoßende, so einfach zu durchschauende Prahlen nicht lassen, das leicht in (psychisch verwandtes) offenes Selbstmitleid umschlägt (*BNW*, 63–65). Wenn er innerlich gegen die Sexualität der Brave New World wettert, dann steht im Hintergrund immer, daß er selbst nicht sonderlich begehrt ist. Wenn er dem Aufschub von Befriedigung das Wort redet (*BNW*, 82), dann darf vermutet werden, daß er schon öfters dazu *gezwungen* war. Wenn er das System als Ganzes kritisiert, dann nicht aus grundsätzlichen Erwägungen, sondern weil er seine persönliche Lage darin miserabel findet. Sobald sie sich ändert, ist er mit den Verhältnissen versöhnt. Bernard Marx ist – eine Standardfigur bei Huxley – der Dissident aus persönlicher Unzulänglichkeit, der unzufriedene

---

[32] Vgl. Smith (Hrsg.): Letters. Letter No. 340 (19 February, 1932): „[. . .] those Zippers – the symbol of the New World – its crest."

Zukurzgekommene (wie z. B. Illidge in *Point Counter Point*). Sein kometenhafter gesellschaftlicher Aufstieg nach seiner Entdeckung des Wilden gibt ihm die Möglichkeit, vieles nachzuholen, die Jahre der Erniedrigung zu kompensieren, doch letztlich verstärken sich in dieser neuen Situation nur seine alten, abstoßenden Eigenschaften: das Prahlen, das Selbstmitleid, die Feigheit (*BNW*, 85/86). Bernards Sturz aus maßloser Selbstüberschätzung (*BNW*, 130) in erneute tiefste gesellschaftliche Mißachtung (*BNW*, 140–144) hat nichts Tragisches an sich, ist bloß grotesk. Bernard ist ein kleiner, mieser Opportunist, wie auch sein Verhalten bei der Revolte im Park Lane Hospital beweist (Kapitel 15) oder die charakterlose, hysterische Denunziation seiner Freunde (*BNW*, 181/182), für die er sich allerdings nachträglich noch entschuldigt (*BNW*, 193). Die Figur des Bernard Marx kann unmöglich Träger einer *grundsätzlichen* Kritik der Gesellschaft von Brave New World sein, da seine Opposition, nach der psychologischen Demaskierung, nichts Positives mehr verkörpert.

Anders hingegen der geniale Propagandist („Emotional Engineer") Helmholtz Watson, dessen Dissidententum auch ganz andere Gründe hat: „A mental excess had produced in Helmholtz Watson effects very similar to those which, in Bernard Marx, were the result of a physical defect" (*BNW*, 62). Aber nur „very similar": Da Helmholtz Watson überaus erfolgreich, angesehen und umschwärmt ist – also kein persönliches Defizit vorliegt –, ist seine Kritik und Suche nach „something else" von Anbeginn grundsätzlicher Natur. Diese Ordnung genügt ihm nicht, obwohl sie ihm scheinbar alles bietet – das macht seine Revolte ernst und glaubhaft (*BNW*, 61–65). Zwar bleibt er der große Sucher, der keine Lösung, sondern nur eine Ahnung anderer Möglichkeiten hat (*BNW*, 150), doch sein enges Verhältnis mit John Savage (vgl. *BNW*, 147–149) schafft die Voraussetzungen wenigstens für einen *Versuch*, die normierte Welt *praktisch zu überwinden*.

> And suddenly there was Helmholtz at his [Savage's] side – ‚Good old Helmholtz!' – also punching – ‚Men at last!' – and in the interval also throwing the poison [i. e. *soma*] out by handfuls through the open window. ‚Yes, men! men!' and there was no more poison left. He picked up the cash-box and showed them its black emptiness. ‚You're free!' (*BNW*, 172)

In der Solidarität der drei so verschiedenen Außenseiter Bernard Marx, John Savage und Helmholtz Watson ist die Entfremdung der Brave New World zumindest teilweise aufgehoben: „[. . .] their

sadness was the symptom of their love for one another – the three young men were happy" (*BNW*, 194).
Wie Donald Watt in seiner hervorragenden Analyse der Manuskript-Korrekturen und -Veränderungen von *Brave New World* nachweisen konnte, hatte Huxley zunächst mit dem Gedanken gespielt, Bernard Marx als konventionell positiven Helden aufzubauen, ehe er sich entschloß, ihm diese Funktion durch die Aufdeckung seiner psychologischen Motivation zu nehmen.[33] Erfüllt aber Helmholtz Watson an seiner Statt diese für die negative Utopie so wichtige Kontrast-Funktion? Es muß nachdenklich stimmen, daß Huxley den unstreitig positiv gezeichneten Helmholtz gleichsam aus dem Verkehr zieht (übrigens technisch recht unbeholfen, *BNW*, 184), bevor es zum großen „showdown", der Debatte zwischen John Savage und Mustapha Mond kommt. Die Stafette der Grundsatz-Opposition ist sozusagen weitergereicht; mit der Einschätzung ihres letzten Trägers John Savage steht und fällt das Verständnis von *Brave New World*.

4. Der Wilde

Das Reservat ist zunächst „das ganz Andere". Es ist ein Privileg, hineinschauen zu dürfen – heraus kommt sowieso keiner (*BNW*, 88). Die am Starkstromzaun verendeten Tiere lernen es einfach nicht (*BNW*, 90); das unterscheidet sie von den Menschen, denen man mit Gasbomben Gehorsam beigebracht hat (*BNW*, 91). Huxley baut das Reservat, für dessen Beschreibung er nach eigenen Angaben ungeheure Mengen an ethnologischer Literatur über New Mexico durcharbeitete[34], nicht als positive Gegenwelt auf (Malpais = schlechtes Land). Der Schmutz, die Krankheiten, Verfall und Alter, Gestank – Leninas Ekel mag extrem sein (sie hat ja ihr *soma* nicht dabei), unverständlich ist er nicht.[35] Das meiste ist ihr vollkommen neu (z. B. das Stillen, das sichtbare Altern), doch anderes kann sie mühelos mit eigenen Erfahrungen verknüpfen. Die Fruchtbarkeitsriten der Wilden erinnern sie unwillkürlich an „orgy-porgy" und „a

---

[33] Donald Watt: The Manuscript Revisions of Brave New World. In: Journal of English and Germanic Philology, 77 (1978), S. 367–382, hier S. 374/375.
[34] Vgl. Writers at Work. Hrsg. von Plimpton, S. 198.
[35] Vgl. Ferns: Huxley, S. 145.

lowercaste Community Sing" (*BNW*, 91): Das Spektakel kommt ihr, zumindest anfangs, gar nicht seltsam vor.
Das Reservat bildet also einen Kontrast, aber keinen absoluten, ist Gegenwelt, aber dadurch nicht automatisch positiv. Seine Funktion im Rahmen des Romans ist eine eher *technische*. Die Reservation ist unter der Bedingung des Weltstaates die unerläßliche Voraussetzung für die Einführung der Figur des „Fremden", des „Außenseiters in Utopia", der hier aber selbst nicht als Repräsentant der Gegenwelt „Reservat" gelten kann, denn auch dort in Malpais ist er Außenseiter. Das Reservat ist keine gestaltete Alternative, sondern ein erzähltechnischer Kniff, John Savage ins Spiel zu bringen (ein Wendepunkt des Romans) und – über den Strang D. H. C. / Linda / Bernhard Marx – Aufstieg, Fall und Demaskierung des Bernhard Marx zu inszenieren.
Der erste Auftritt Johns etabliert ihn schon als leidenswilligen Außenseiter der Indio-Gemeinschaft: „Why wouldn't they let me be the sacrifice? [. . .] They could have had twice as much blood from me. [. . .] But they wouldn't let me. They disliked me for my complexion. It's always been like that. Always." (*BNW*, 99). Nachdem die Vorgeschichte seiner Mutter, der heruntergekommenen Beta-Minus Linda, skizziert worden ist (*BNW*, 99–103), beginnt der auffallend ausführliche Bericht über Johns Kindheit und Jugend (104 ff.). So detailliert wie man zuvor über die systematische Konditionierung der Utopier informiert worden war, wird nun die willkürliche, zufällige Prägung Johns geschildert. Welche Erlebnisse und Erinnerungen werden besonders hervorgehoben? Zunächst die Liebe zu seiner Mutter, die aber schon früh durch deren Männer-Affären beeinträchtigt wird. John fühlt sich im Wortsinne ausgeschlossen (*BNW*, 105). Der Liebe zu seiner Mutter (für sie ein Schimpfwort) entspricht der frühe Haß auf ihre Freier (*BNW*, 105). Als aufgebrachte Indio-Frauen die in ihrem Sinne unmoralische Linda bestrafen, macht auch der kleine John zum ersten Mal Bekanntschaft mit der Peitsche (*BNW*, 106). Danach sucht er als Beschützer und Tröster die Nähe seiner Mutter, nur um erneut geschlagen zu werden, diesmal von ihr – ehe sie ihn schließlich überschwenglich herzt und liebkost (*BNW*, 107). Seine Hautfarbe und die moralische Isolierung seiner Mutter durch die Indio-Gemeinschaft machen John zum doppelten Außenseiter – wieder muß er leiden, bluten (*BNW*, 108): Isolation und Schmerz, Liebe zur Mutter, Eifersucht und Haß auf ihre Männer sind seine Grunderfahrungen. Seine Einsamkeit bringt ihn zum Lesen („The more the boys pointed and sang, the harder he read," *BNW*, 109), doch ausgerechnet Shakespea-

res *Hamlet* macht ihm – in der Pubertät – das ganze Ausmaß seines Hasses auf Popé, den Hauptliebhaber seiner Mutter, bewußt und deutet die Lösung an: mit Hamlets Worten im Kopf versucht John (natürlich vergebens), die verhaßte Vaterfigur Popé zu erschlagen (*BNW,* 110–112).

Die Demütigungen nehmen auch danach kein Ende. Als John 16 ist, heiratet die von ihm geliebte Kiakimé den Indio Kothlu, nicht ihn, den Außenseiter und Hurensohn (*BNW,* 113). Ausgeschlossen wird er auch von den Initiationsriten („Not for you, white-hair! Not for the son of the she-dog", *BNW,* 114). Zum zweiten Mal wird er gesteinigt. „Alone, always alone", lautet Johns eigenes Fazit am Ende seiner Erinnerungen. Seine Selbstkasteiungen und asketischen Übungen begründet er selbst mit dem Drang, sich beweisen zu müssen („If Jesus could stand it."), sich selbst zu bestrafen („And then, if one has done something wrong . . .") und zuletzt mit seiner Traurigkeit („Besides, I was unhappy; that was another reason", *BNW,* 115).

Der Satz „He had discovered Time and Death and God" (*BNW,* 114) ist für sich – im *style indirect libre* – meisterhaft in der Schwebe gehalten: Ist das Johns Perspektive oder die des Erzählers? Der Zusammenhang läßt eher Ironie vermuten; denn Johns Kindheits- und Jugendgeschichten entsprechen einfach zu sehr den Horror-Berichten Mustapha Monds über die schrecklichen Bedingungen der in Brave New World dank Freud und Watson überwundenen Kleinfamilie: Liebe und Schmerz, bittere Frustrationen und gigantische Leidenschaften – das ist die Welt, deren Produkt John ist; eine Leidens-Existenz, die sich ihren Trost in Selbsterniedrigung und im Jenseits sucht. Auf solchem Boden blüht Religion; John ist auf seine Weise „konditioniert", geprägt worden, nicht unbedingt zu seinem Vorteil.

Hartnäckig hält sich die Vorstellung, in *Brave New World* werde neben Watson (Behaviorismus) und Ford (Massenproduktion und -konsumtion) auch Sigmund Freud (Psychoanalyse) fundamental kritisiert. Angebliche Belege: die Doppelgottheit „Ford/Freud" und Monds Kritik der neurotisierenden Kleinfamilie, eine Kritik, die unstreitig auf Freud'schen Einsichten beruht. Doch wie im Falle der Darstellung des Behaviorismus fragt sich auch hier: Inwiefern wird eigentlich eine Theorie bestritten, deren Funktionieren im Roman ausführlich veranschaulicht und vorgeführt wird? Denn es ist unabweisbar, daß Johns Eigenheiten vom Autor selbst mit der mangelnden Verarbeitung des ödipalen Dreiecksverhältnisses Linda/Popé/John in Verbindung gebracht werden. Dabei ist es unerheblich, daß Huxley sich wiederholt abschätzig über Freud geäußert hat[36]; wie beim Behaviorismus reizte es ihn auch hier, „wissenschaftliche" Erklärungsmodelle in seine Romane einzuführen, bis hin zum Entwurf von „Lehrbuchfällen" (Emily in *Antic Hay*, Helen in *Eyeless in Gaza*). Seine im englischen Sprachraum wohl weitgehend unbekannte Reaktion auf eine Anfrage Reinald Hoops' belegt, daß er die Psychoanalyse durchaus als legitimes Modell zur Erklärung menschlichen Verhaltens akzeptierte.[37]

Daß die Figur John unter einem unvollständig überwundenen *Ödipuskomplex* leidet, erkannte schon in einer ersten Rezension G. H. Harwood im Jahre 1932[38], und es hätte wirklich nicht der vielen *Hamlet*-Verweise in den entsprechenden Passagen von *Brave New World* bedurft, um das deutlich zu machen. Ein genauer Vergleich mit Freuds Ödipus-Theorien ergibt zwar, daß Huxley von seinem Vorbild in vielem abweicht – etwa in der Frage des Zeitpunktes; bei Huxley immerhin erst nach dem zwölften Geburtstag! –, aber die Grundstruktur des Freud'schen Modells ist vollständig erhalten: Der kleine Junge liebt seine Mutter, haßt seinen Vater eifersüchtig, will ihn erschlagen, um an seine Stelle treten zu können. Diese Situation ist unvermeidlich mit Schuldgefühlen verbunden. Verarbeitet ist sie erst, wenn die libidinösen Wünsche von der Mutter gelöst sind, die Versöhnung mit dem Vater erfolgt ist. Nur beim Neurotiker gelingt diese Lösung nicht, er „bleibt sein lebelang [sic] unter die Autorität des Vaters gebeugt und ist nicht imstande, seine Libido auf ein fremdes Sexualobjekt zu übertragen. [...] In diesem Sinne gilt der Ödipuskomplex mit Recht als der Kern der Neurosen"[39].

John ist nun nicht allein unter die Autorität der verbietenden und bedrohenden Vaterfigur Popé gebeugt, sondern, in Fortentwicklung,

---

[36] Vgl. z.B. Introduction zu Proper Studies; Literature and Science, S. 80–85; Writers at Work. Hrsg. von Plimpton, S. 202.

[37] Reinald Hoops: Der Einfluß der Psychoanalyse auf die englische Literatur, Heidelberg 1934, S. 185–194.

[38] H. G. Harwood: Review of Brave New World, Saturday Review (London), 153 (6 Feb., 1932), S. 152.

[39] Sigmund Freud: Vorlesungen zur Einführung in die Psychoanalyse und Neue Folge. Frankfurt 1969, S. 331; vgl. zum Ödipuskomplex auch ebenda S. 324–332, 502/503, 516; zum Zusammenhang von Ödipuskomplex, Über-Ich-Bildung und Religion auch Sigmund Freud: Abriß der Psychoanalyse (1938) / Das Unbehagen in der Kultur (1930). Frankfurt 1972, repr. 1981. Ders.: Massenpsychologie und Ich-Analyse / Die Zukunft einer Illusion. Frankfurt 1967, repr. 1981.

auch unter die Last eines strengen Über-Ichs: Denn der Ausgang der ödipalen Situation ist nach Freud, so oder so, eng verknüpft mit der Bildung des *Ich-Ideals* und *Über-Ichs,* das er sogar das *Erbe des Ödipuskomplexes* nennt.[40] Das Über-Ich bildet sich nicht nur über Identifizierung mit den Eltern, sondern bezieht später auch alle möglichen anderen Einflüsse mit ein, „von Erziehern, Lehrern, idealen Vorbildern“[41]. Bei John ist nun unübersehbar, daß er in Shakespeares Werken seine neue Norm, sein kodifiziertes Gewissen gefunden hat. Unübersehbar ist aber auch die unerbittliche Strenge seines Über-Ichs, die mangelnde Überwindung des Schuldbewußtseins, das ihn hindert, überhaupt befriedigt zu leben. Diese vom unerbittlichen Gewissen signalisierte ödipal begründete Neurose ist aber nach Freud zugleich die Quelle des „Massenwahns“ *Religion,* wie überhaupt die Religion für ihn „die allgemein menschliche Zwangsneurose [ist]“, die „wie die des Kindes [. . .] aus dem Ödipuskomplex der Vaterbeziehung [stammt]“[42].

Um zusammenzufassen: John ist – nach Freud'schen Kategorien – ein Neurotiker, dessen Aktivitäten, wie sich im Zusammensein mit Lenina zeigt, durch strenge Verbote des Über-Ichs gehemmt sind; für ihn gilt: „Jeder Triebverzicht wird nun eine dynamische Quelle des Gewissens, jeder neue Verzicht steigert dessen Strenge und Intoleranz [. . .].“[43] John ist offensichtlich unfähig, normal Befriedigung zu erlangen – sein masochistisches Flagellantentum, das am Ende in sadistisches Auspeitschen der verehrten Geliebten mündet, spricht für sich. Lust und Schuld, Schmerz und Bedürfnis sind bei ihm ungeschieden– seine Religion des Leidens und der Einsamkeit ist lediglich die Überhöhung dieser seelischen Krankheit.

Wenn aber Huxley sich so bemüht, John als bedauernswerten Neurotiker, als Freud'schen Lehrbuchfall, einzuführen, wie ist dann Johns dauernder Bezug auf den doch sicherlich positiv besetzten Shakespeare zu verstehen? Die Bedeutung dieser Shakespeare-Bezüge für die Zeichnung der Kunstfigur John ist offensichtlich: Shakespeares Worte erklären ihm die Welt, in ihnen findet er seine Erfahrungen und seine innersten Gefühle zum Ausdruck gebracht. Zwar hat John bei seinen Kontakten mit den Indios gerade soviel von deren Anschauungen und Einstellungen mitbekommen, daß ihn seine eigene Mutter für etwas verrückt hält („Being mad's

---

[40] Vgl. Freud: Abriß, S. 10/11, 60; Vorlesungen, S. 502/503, 516.

[41] Freud: Vorlesungen, S. 502.

[42] Freud: Zukunft, S. 123; vgl. Vorlesungen, S. 326/327; Abriß, S. 79.

[43] Freud: Unbehagen, S. 115.

infectious, I believe. Anyhow, John seems to have caught it from the Indians", *BNW,* 103). Doch erst Shakespeares Werke bieten ihm, was er weder dort noch bei seiner Mutter finden konnte: einen eigenen moralischen Maßstab, eine verbindliche Richtschnur des Verhaltens. Shakespeare wird zum zentralen Bestandteil seines Über-Ichs, und so ist es nur konsequent, wenn sich, als Lenina versucht, John zu verführen, Shakespeare – „the voice of conscience" (*BNW,* 155) – mit einem *Tempest*-Zitat zu Wort meldet und Triebverzicht fordert.

Mit John sind aber nicht einfach die kombinierten Werte der Elisabethaner und Indios gegen die der Brave New World gesetzt.[44] Der Fall liegt komplizierter, weil Johns Shakespeare-Verständnis recht eigenartig ist. Von Anfang an ist er eher vom magischen Klang der Dichtung betört, er ahnt höchstens den Inhalt:

> What did the words exactly mean? He only half knew. But their magic was strong and went on rumbling in head, and somehow it was as though he had never really hated Popé before; never really hated him because he had never been able to say how much he hated him. But now he had these words, these words like drums and singing and magic. These words and the strange, strange story out of which they were taken (he couldn't make head or tail of it, but it was wonderful, wonderful all the same) – they gave him a reason for hating Popé; and they made his hatred more real; they even made Popé himself more real. (*BNW,* 110/111)

Ein altes Huxley-Thema klingt hier an: *Literature before life.* John macht sich sein Bild von der Welt, von Leben und Liebe nach einem Buch und erleidet dann unweigerlich – wie seine Vorläufer Denis Stone, Gumbril Junior, Francis Chelifer, Walter Bidlake usw. – Schiffbruch in der Realität.

Literature before life allein muß schon zu Schwierigkeiten führen – erst recht aber, wenn die Literatur auch noch mißverstanden worden ist. „O brave new world that has such people in it", ruft John aus, Mirandas Worte im *Tempest* zitierend (V, 1), die aber schon dort voll dramatischer Ironie sind. Huxley führt diese Ironie nicht ein, er verdoppelt sie[45]: Wie Miranda erkennt auch John nicht, wen er da eigentlich vor sich hat, dokumentiert aber durch seinen Ausruf zusätzlich, daß er auch Mirandas Worte überhaupt nicht verstanden

---

[44] So aber Rudolf B. Schmerl: The two future worlds of Aldous Huxley. In: PMLA, 77 (June 1962), S. 328–334, hier S. 329.

[45] Vgl. Harold H. Watts: Aldous Huxley. New York 1969, S. 72.

hat.[46] Die Shakespeare-Lektüre hat ihm offenbar nicht geholfen, klarer zu sehen. Erst die Konfrontation mit der Wirklichkeit der Brave New World läßt die Erkenntnis in ihm dämmern, daß er sich gründlich geirrt hat. Die Schritte dieser Desillusionierung sind wiederholt begleitet von den Worten „O brave new world“, die ihm von Mal zu Mal bitterer, höhnischer klingen (*BNW*, 131, 168, 169).

In *Brave New World* geht es also nicht um Shakespeare, auch gar nicht darum, ob Shakespeare Huxleys Ideal oder Norm gewesen ist[47] – es geht um die gefährlich-groteske Tendenz, statt in der Wirklichkeit in einer literarischen Scheinwelt zu leben, die noch dazu aus Mißverständnissen zusammengebaut ist.[48] Schon 1946 hat Robert H. Wilson in einem hervorragenden Aufsatz die Kurzschluß-These widerlegt, „that because the Fordian world is satirized, therefore Shakesperian [sic] tragedy is held up as an ideal point of reference“[49]. Sein Fazit lautet dagegen: „As for Shakespere [sic] Huxley may be taken to imply that we can best profit from the plays if we view them esthetically and *not,* in John's fashion, *as textbooks of thought and conduct* [Hervorhebung CB].“[50]

Daß selbst der unverzerrte Shakespeare (also nicht Johns Version) keinen Ewigkeitswert darstellt, sondern wie alle andere Kunst den wechselnden Rezeptionsbedingungen der Kulturgeschichte unterworfen ist, hat Huxley in *Brave New World* selbst eindringlich verdeutlicht, indem er den ja sicher wohlmeinenden Helmholtz Watson in schallendes Gelächter ausbrechen läßt, als John ihm aus *Romeo and Juliet* vorliest. Technisch fein gemacht, lautet Watsons Urteil, aber inhaltlich einfach grotesk und absurd (*BNW*, 148/149) – und er lacht Tränen.

Johns Neurose und sein Shakespeare-Mißverständnis werden am prägnantesten in seinen Treffen mit der verführerischen Lenina in Szene gesetzt. 1932, unmittelbar nach *Brave New World*, schrieb Huxley dazu in seiner Anthologie *Texts and Pretexts:* „[. . .] writing about the future Utopia, I introduced a character who, alone in that

---

[46] Vgl. Thiel: Brave New World, S. 146/147.

[47] So aber Erzgräber: Utopie und Antiutopie, S. 155; auch Jerome Meckier: Shakespeare and Aldous Huxley. In: Shakespeare Quarterly, 22 (1971), S. 129–135, hier S. 132.

[48] Vgl. Thiel: Brave New World, S. 124, 143.

[49] Robert H. Wilson: Brave New World as Shakespere [sic] Criticism. In: Shakespeare Association Bulletin (New York), 21 (July 1946), S. 99–107, hier S. 105.

[50] Wilson: Shakespere [sic] Criticism, S. 106.

happier world, had read Shakespeare. I wanted this person to be a platonic lover; but, reading through the plays, I realized to my dismay that platonic love is not a subject with which Shakespeare ever deals."[51] Der triebgehemmte John mißversteht Shakespeare also auf symptomatische Weise. Was er in Shakespeares Werke hineinprojiziert, rechtfertigt, was ihm sowieso naheliegt: Schwärmerei, Idealisierung der Verehrten, gleichzeitige Selbsterniedrigung („He was not worthy ...", (*BNW*, 138).[52] Die Idealisierung hat dabei die Funktion, es gerade *nicht* zum Geschlechtsverkehr kommen zu lassen: „He was obscurely terrified lest she should cease to be something he could feel himself unworthy of" (*BNW*, 138) – ein Satz, den man zweimal lesen sollte. John hat Angst, ist von Schuldbewußtsein und Scham geplagt, wenn ihm nur der Gedanke kommt, die Angebetete nackt zu sehen (*BNW*, 120). Schon der Anblick der bekleideten Lenina läßt ihn ja erzittern (*BNW*, 138).

Kein Wunder, daß John panisch reagiert, als Lenina die Initiative ergreift („Horror, horror, horror ... he tried to disengage himself; but Lenina tightened her embrace", *BNW*, 155). Weil Lenina sich auszieht, flüchtet er zunächst „in terror" (*BNW*, 156) – sein Ur-Konflikt bricht aus –, dann löst er die kritische Situation, indem er als personifiziertes Verbot, als brutale Autorität die nichts verstehende Lenina schlägt und prügelt, bis sie ins Bad entkommen kann (diese Szene wird später im sechsten Kapitel von *Island* parodistisch aufgegriffen). Die Verführerin muß büßen, weil sie in ihm Wünsche geweckt oder bewußtgemacht hat, deren Erfüllung ihm verboten ist. Er schlägt, wie er geschlagen wurde und wiederholt so traumatische Situationen in anderer Rolle. Er schlägt die, die er liebt – gerade *weil* sie ihn reizt; und er schlägt sich später selbst in dem Maße, wie er für ihre Reize empfänglich ist. John ist ein Psychopath, dessen perverse Neigungen gegen Ende des Romans (Kapitel 18) immer dominanter werden. Selbsterniedrigungen und Selbstkasteiungen machen dann seinen Lebensinhalt aus (*BNW*, 194 ff.). Schon für ein unwillkürlich gesungenes Lied muß er sich durch selbstherbeigeführtes Erbrechen bestrafen (*BNW*, 197)! Die Peitsche wird sein ständiges Utensil, er geißelt sich, bis er blutet wie in Kindheitstagen (*BNW*, 198). Je verführerischer seine Visionen sind, desto brutaler treibt er sie sich aus – wobei es ihn besonders beschämt, daß er nicht an seine verstorbene Mutter Linda denkt, sondern an die aufreizend nackte Lenina. So schlägt er sich und in Gedanken Lenina für die verbotene

---

[51] Huxley: Texts and Pretexts, S. 117.
[52] Vgl. dazu auch Freud: Massenpsychologie, 51/52.

Lust und den gedanklichen Verrat an der heißgeliebten toten Mutter:

> ‚Strumpet! Strumpet!' he shouted at every blow as though it were Lenina (and how frantically, without knowing it, he wished it were!), white, warm, scented, infamous Lenina that he was flogging thus. ‚Strumpet!' And then, in a voice of despair, ‚Oh, Linda, forgive me. Forgive me, God, I'm bad. I'm wicked. I'm . . . No, no, you strumpet, you strumpet!' (*BNW*, 201)

Am Tode Lindas, die seit ihrer Rückkehr in die Brave New World in der „imbecile happiness" (*BNW*, 161) ihres künstlichen *soma*-Paradieses dahinvegetiert (*BNW*, 126/127), ist er nicht ganz unbeteiligt. Daß sie ihn in ihrem *soma*-Rausch nicht erkennt, sondern sich – ausgerechnet! – mit Popé zusammen glaubt, reißt sehr alte Wunden bei John auf. Hier verschmilzt sein Zorn über die Bewußtlosigkeit der ganzen Brave New World, die Unzugänglichkeit seiner Mutter, mit seinem Kindheitsschmerz und der Angst, Linda endgültig zu verlieren: „Balked for the second time, the passion of his grief had found another outlet, was transformed into a passion of agonized rage. ‚But I'm John!' he shouted. ‚I'm John!' And in his furious misery he actually caught her by the shoulder and shook her", (*BNW*, 165). Sie nimmt ihn noch kurz wahr, stirbt dann praktisch unter seinen Händen. Der Inzest-Vatermord-Komplex hat auf paradox-verkehrte Weise Erfüllung gefunden.

Die sado-masochistische Massenorgie am Ende des Romans, die in Huxleys zweiter negativer Utopie *Ape and Essence* ihre systematische Fortsetzung findet, mag als geschmacklos empfunden werden oder auch zu allerlei Spekulationen über Huxleys Neigungen verleiten, so wie George Orwell 1949 einem Freund schrieb: „You were right about Huxley's book [*Ape and Essence*] – it is awful. And do you notice that the more holy he gets, the more his books stink with sex. He cannot get off the subject of flagellating women."[53] Aber diese Schlußpassage – vor dem Selbstmord Johns – ist unerläßlich für den sinnvollen Aufbau dieser Utopie: Spätestens hier wird klar, daß John ein leidender Kranker ist, daß für ihn – in welcher Gesellschaft auch immer – die Begegnung mit einer normalen Frau in unsägliche Konflikte führen muß, daß seine Kritik der „false, lying happiness" der Brave New World (*BNW*, 145) – wie im Falle Bernard Marx' – unterlaufen wird durch die psychologische Entlarvung seiner eigenen Abartigkeit, seiner tiefverwurzelten Unfähigkeit, befriedigt zu leben.

---

[53] Orwell: Collected Essays, Bd. 4, S. 539/540.

Das Zusammentreffen von Lenina und John, diese recht unkonventionelle utopische „love story“, ist von zentraler Bedeutung für die Gesamtinterpretation von *Brave New World,* weil hier greifbar wird, daß die Brave New World eben nicht mit einer positiven Alternative kontrastiert wird, sondern daß zwei gleichermaßen fragwürdige Verhaltensweisen gegeneinandergesetzt werden – und der Leser sich seinen Reim darauf zu machen hat, den ihm kein Huxley und kein auktorialer Erzähler vorsagen kann. Die Liebenden als Verkörperungen konträrer Haltungen können nicht zueinander finden. Man mag das als Farce oder als Tragödie empfinden (Huxley: „tragedy is the farce that involves our sympathies; farce, the tragedy that happens to outsiders“[54]) – in jedem Fall signalisiert schon diese Opposition, noch *vor* der großen Debatte zwischen John und Mustapha Mond, daß Huxley darauf verzichtet, „Lösungen“ zu präsentieren, daß er vielmehr, ganz in der Tradition seiner Ideen-Romane, mit Genuß Positionen aufbaut, die dann in unversöhntem Kontrast und mit paradoxem Gesamteffekt stehenbleiben.

5. *Die Debatte*

Vor der Debatte kommt die Revolte. Erst als der Versuch, die Verhältnisse der Brave New World *praktisch* zu verändern, gescheitert ist (Kapitel 15), setzt der theoretische Diskurs über das unverändert Bestehende ein. Die Bedingungen des Gesprächs sind klar: Hier spricht der Sieger mit den Gescheiterten.

Doch die Revolte selbst wirft ein Problem auf, das von der banalen Phrase, in Brave New World sei „die Freiheit“ abgeschafft, zugedeckt wird: Die Bürger der Brave New World empfinden selbst keinen Mangel an Freiheit, sondern sind mit den Verhältnissen vollkommen versöhnt. Auf irgendeinen Unmut dieser Untertanen kann sich der Revolutionär John nicht berufen. Im Gegenteil: Seine Befreiungsaktion führt er gegen ihren erklärten Willen durch („I'll teach you; I'll *make* you be free whether you want to or not“, *BNW,* 171) – sie hassen ihn dafür. Johns Aktion – wenn sie nicht sowieso total voluntaristisch oder aus dem Augenblick des Schmerzes über den Tod seiner Mutter geboren ist – leitet sich nicht aus einem subjek-

[54] Huxley: Ape and Essence. Zit. nach May: Huxley, S. 116.

tiven Freiheitsbegriff ab, sondern aus einem objektiven: John nimmt für sich in Anspruch, gegen eine Unfreiheit zu kämpfen, die so umfassend ist, daß sie den Opfern selbst gar nicht bewußt ist. Huxley wirft hier die Frage auf, was unter „Freiheit" noch zu verstehen ist, wenn es den Mächtigen gelungen ist, „to make the overwhelming majority of the people love the slavery to which they have been reduced"[55]. Die Option für einen objektiven Freiheitsbegriff, der Stellvertreter-Aktionen nahelegt, ja überhaupt die Möglichkeit einer solchen Auffassung von Freiheit und Unfreiheit ist in ihren Konsequenzen so hochpolitisch, daß es wiederum erklärlich und verständlich scheint, wenn die ganze Episode der gescheiterten Revolte in der gängigen Sekundärliteratur eher stiefmütterlich behandelt wird, und statt dessen der philosophische „showdown" eine ungleich größere Aufmerksamkeit auf sich zieht.

Die Debatte ist trotz der Umstände kein Verhör. Mustapha Mond, der Welt-Mann, ist locker und höflich, den Dissidenten an Bildung und souveräner Gelassenheit haushoch überlegen. Er hat Überblick, steht über dem System der Brave New World und hat sich bewußt für es entschieden (*BNW*, 182). Sein Dienst an der Gesellschaft ist ein selbstloses Opfer, die Revolte scheint vergleichsweise egoistisch. Mond kennt die Einwände der Gesellschafts-Kritiker, bevor sie sie formulieren, und er kennt die passenden Gegenargumente. Der von Minderwertigkeitsgefühlen, Schuld und Feigheit gezeichnete Bernard Marx ist für ihn ebensowenig ein vollwertiger Gegner wie der aus engen Verhältnissen stammende, seine eigene Konditionierung nicht einmal im Ansatz durchschauende John. Aber allein John kann glaubwürdig die für die Debatte unabdingbare *Fundamentalopposition* verkörpern, denn er allein war der Sozialisation der Brave New World nicht ausgesetzt und vertritt *grundsätzlich andere Werte.* Die Figur Helmholtz – ein *denkbarer* Opponent – wird von Huxley logischerweise (wenn auch durchaus plump, vgl. *BNW*, 184) „abgeräumt", denn Helmholtz, wie jeder andere Brave New World-Bürger, hätte diese Rolle der Grundsatz-Opposition nie überzeugend spielen können, ohne in einen unauflösbaren Widerspruch zur Logik der fiktiven Gesellschaft zu geraten: Gerade sein überzeugendes Auftreten in der Debatte hätte den Vorwurf der totalen Manipulation in Brave New World in sich zusammenfallen lassen. Daß nun aber die Seite der Fundamentalopposition von John vertreten wird, wirft neue Probleme auf: John redet (und muß es!) im folgenden zweifel-

---

[55] Smith (Hrsg.): Letters. Letter No. 514 (29 March, 1946), an Ossip Flechtheim. Vgl. BNW-Foreword, S. 13. Walsh: Utopia to Nightmare, S. 170/171.

los vernünftiger, als man erwarten könnte (Huxley: „For the sake [...] of dramatic effect", *BNW*-Foreword, 7/8), und wenn der Grundsatz-Oppositionelle ein Neurotiker ist, so stellt das schon die Weichen für die Werteverteilung innerhalb der Utopie, was noch genauer zu untersuchen sein wird (vgl. IV, 6).

Man spricht zunächst über Kunst. Warum ist Shakespeare in Brave New World verboten? Monds klare Antwort: „Because it's old; that's the chief reason. We haven't any use for old things here. [...] Beauty's attractive, and we don't want people to be attracted by old things. We want them to like the new ones" (*BNW,* 176). Die Absicht liegt zutage: Solche Kunst *widerspricht der Wirtschaftsweise* der *over-consumption;* daß die alte Kunst sich überlebt hat, ist nur ein zweiter Grund (*BNW,* 176), der, wenn er denn wirklich zuträfe, ein Verbot eigentlich überflüssig machte. Doch man geht kein Risiko ein: „We've sacrificed the high art. We have the feelies and the scent organ instead" (*BNW,* 177). Das ist ein *bewußter Entschluß;* Huxley behauptet nicht, daß große Kunst nur im gesellschaftlichen und persönlichen Elend gedeihen könne: „Most emphatically not. I don't believe for a moment that creativity is a neurotic symptom. On the contrary, the neurotic who succeeds as an artist has had to overcome a tremendous handicap. He creates in spite of his neurosis, not because of it."[56] Die Verhaltensingenieure der Brave New World setzten nur „sanfter" fort, was nach dem „Nine Years War" brutaler praktiziert worden war: Die „Culture Fans" werden eliminiert, weil sie den Grundkonsens verweigern. Die eingestandene kulturelle Öde, die Flachheit der Kommerzkunst ist der Preis für die anvisierte soziale Stabilität – und zugleich schon deren wichtiger Bestandteil.

Des Wilden Einwände gegen die „Bokanovky Groups", die biochemische Hierarchisierung und die damit verknüpfte systematische Verkrüppelung menschlichen Potentials geben nur Anlaß, längst Bekanntes zu wiederholen: Soziale Stabilität ist nur dann gewährleistet, wenn die einzelnen ihrer Funktion in der Gesellschaft angepaßt sind. Die hierarchische Gesellschaft mit differenzierter Arbeitsteilung schafft sich ihre Menschen selbst nach ihren Bedürfnissen und reproduziert sich so unendlich. Eine Gesellschaft von Alphas – das soll das „Cyprus experiment" beweisen – *könnte* gar nicht funktionieren (*BNW,* 178–180). Das Bestehende ist schon das Optimum. So werden selbst arbeitszeitverkürzende Fortentwicklungen der Technik auf Eis gelegt, um den Arbeitern die Schrecken vermehrter Freizeit zu ersparen (*BNW,* 180). Diese Gesellschaft ist angekommen;

---

[56] Writers at Work. Hrsg. von Plimpton, S. 202.

Geschichte und Entwicklung finden nicht mehr statt. Der Frage „woher kommen wir?“ ist der Boden entzogen, und auch die Zukunft gibt es nur noch als Wiederholung des Ewiggleichen. Die Utopie hat die Utopie abgeschafft.
Das kann aber nur gelingen, wenn alle gesellschaftlich dynamischen Elemente eliminiert oder kontrolliert werden, gleichsam nur noch in gestutzter Form weiterbestehen. So kann es nicht überraschen, daß die Naturwissenschaften als „potenially subversive“ in der Brave New World an eine kurze Leine gelegt sind: „Science is dangerous; we have to keep it most carefully chained and muzzled. [. . .] truth's a menace, science is a public danger“ (*BNW*, 181/182). Denn Wissenschaft als Suche nach Wahrheit ist immer in Gefahr, über das Bestehende hinauszugehen, revolutionäre Fragen nach Sinn und Zweck aufzuwerfen:

> [. . .] once you began admitting explanations in terms of purpose – well, you didn't know what the result might be. It was the sort of idea that might easily decondition the more unsettled minds among the higher castes – make them lose their faith in happiness as the Sovereign Good and take to believing, instead, that the goal was somewhere beyond, somewhere outside the present human sphere; that the purpose of life was not the maintenance of well-being, but some intensification and refining of consciousness, some enlargement of knowledge. Which was, the Controller reflected, quite possibly true. But not, in the present circumstances, admissable. (*BNW*, 143/144)

In Brave New World sind die Naturwissenschaften lediglich als angewandte Sozialtechnologie zugelassen. *Brave New World* ist keine Warnung vor „den“ Naturwissenschaften – es ist eine Warnung vor einem Machtsystem, das seine Herrschaft wissenschaftlich stabilisiert, „sanft“ und unangreifbar macht, einer Klassengesellschaft, in der die Errungenschaften der Wissenschaft unweigerlich zum Nachteil der unterdrückten Mehrheit ausschlagen, wie Huxley, Tolstoi zitierend, einmal kategorisch feststellte: „If the arrangement of society is bad (as ours is), and a small number of people have power over the majority and oppress it, every victory over Nature will inevitably serve only to increase that power and that oppression. This is what is actually happening.“[57] Wer sich von den Reagenzgläsern der Anfangskapitel von *Brave New World* gefangennehmen läßt, fällt auf einen „bogey-man“ herein: *Brave New World* ist eine Kritik der Verhältnisse, nicht der „Sache an sich“. *Brave New World* ist eine

---

[57] Tolstoi nach Huxley: Science, Liberty and Peace. In: Literature and Science, S. 105.

Kritik der Ziele, nicht der Mittel. Nicht anders erklärt sich auch, daß Huxley manche Techniken, deren schlechten Gebrauch er in *Brave New World* zeigt, in seiner positiven Utopie *Island* – entgegen seinem Credo, Ziel und Mittel seien nicht voneinander zu trennen – zum guten Einsatz bringt (Drogen, freie Sexualität, Konditionierung in gewissem Maße usw.).[58]

Wenn aber Wissenschaft und Technik in *Brave New World* nur Mittel zum Zweck sind, der vorläufig mit „soziale Stabilisierung" benannt worden war, was ist dann der letzte Sinn dieser gigantischen, systematischen Anstrengung? Die Schlußdebatte zielt auf diesen Kern der Gesellschaft von Brave New World, auf ihr Grundprinzip oder *rationale*, nachdem ihr Funktionieren so ausführlich erläutert worden ist. Am Ende des 16. Kapitels – die Rebellen wissen jetzt, daß sie auf die Inseln der Unorthodoxen deportiert werden sollen (was Bernard hysterisch macht, Helmholtz aber mit angemessener Gelassenheit aufnimmt) – wird der „ideological core of the book"[59] freigelegt: die grundsätzliche Wertentscheidung zwischen *truth, knowledge* und *consciousness* auf der einen, *happiness* auf der anderen Seite (*BNW,* 183). Ist einmal diese Wahl eines höchsten Wertes getroffen, so folgt alles andere mit Notwendigkeit. Optiert man für *happiness* – definiert über materielle Sicherheit, subjektives Glück, Freiheit von Angst und Leid usw. –, dann folgt logisch der Entwurf der stabilen Gesellschaft von Brave New World, in der die Folgen der Option *consciousness* – Suche, Instabilität, Individualismus, mögliches Leiden usw. – nur störend, dysfunktional sein können. Mond – „the sanest man in the book"[60] – überblickt diesen Zusammenhang klar, und von nun an ist es nur noch eine Frage der Zeit, bis er John in die argumentative Enge getrieben hat. Johns Verteidigung besteht aus einer Reihe von Einwürfen, die nicht systematisch verbunden und stringent sind, und so muß der World Controller seinen Diskussionspartner zwischendurch noch einmal an die Regeln des rationalen Diskurses erinnern: „Of course, if you choose some other standard than ours, then perhaps you might say he [the citizen of Brave New World] was degraded. But you've got to stick to one set of postulates. You can't play Electro-magnetic

---

[58] Das gleiche Ziel-Mittel-Problem stellt sich auch bei den positiven und negativen Utopien H. G. Wells'; vgl. Broich: Gattungen, S. 104.

[59] Henderson: Huxley, S. 105; vgl. Laurence Brander: Aldous Huxley. A Critical Study. Lewisburg 1970, S. 65; Kessler: Power and the Perfect State, S. 573, 577.

[60] Schmerl: The two future Worlds of Aldous Huxley, S. 332.

Golf according to the rules of Centrifugal Bumble-puppy" (*BNW*, 189).

Es spricht für Huxleys politischen Verstand, daß er in dieser Debatte die Gesellschaft von Brave New World nicht als das notwendige Ergebnis einer gesetzmäßigen Entwicklung, als Resultat eines Sachzwanges präsentiert; Huxley macht klar, daß dem vermeintlichen Sachzwang eine Wertentscheidung zugrunde liegt, die – theoretisch – auch anders hätte ausfallen können. Daß sie *so* ausgefallen ist, ist aber wiederum nach Huxley kein Zufall, keine Willkür, sondern folgt aus der Logik der vorhergehenden Gesellschaft, folgt aus ihrer Produktionsweise, ihrer Machtverteilung und den Kriegen, die sie hervorgebracht hat. Die Debatte kann nur bestätigen, was der aufmerksame Leser schon vorher sah: *Brave New World ist die zu Ende gedachte, systematisierte consumer society:*

> Knowledge was the highest good, truth the supreme value; all the rest was secondary und subordinate. True, ideas were beginning to change even then. Our Ford himself did a great deal to shift the emphasis from truth and beauty to comfort and happiness. Mass production demanded the shift. Universal happiness keeps the wheels steadily turning; truth and beauty can't. (*BNW*, 183)

Doch erst nach den Schrecken des Krieges sind die Menschen „reif" für das neue System. Huxley folgt hier nicht einer dubiosen Verschwörungstheorie, sondern bringt das Paradox mit ein, „that, if offered the choice between liberty and security, most people would almost unhesitatingly vote for security"[61]. Damit ist ein Grundthema aus Dostojewskijs „Legende vom Großinquisitor" aufgenommen: eine vermeintliche Freiheitsunwilligkeit oder gar -unfähigkeit der Massen. Aber schon in Dostojewskijs „Legende" wird diese zynische, scheinbar vernünftig begründete Behauptung des Großinquisitors durch das beredte Schweigen Jesus' und seine wortlose Liebe unterlaufen: daß die Menschen die Bürde der Freiheit nicht tragen wollten und könnten, daß sie damit einfach überfordert seien, daß sie allemal freudig die Freiheit für Brot opferten, daß sie wie eine Herde Autorität wünschten – all dies spricht die Macht in ihrem eigenen Interesse.

Des Großinquisitors Utopie liest sich, wie Rebecca West schon 1932 bemerkte,[62] wie ein Plan der Brave New World, denn der mächtige Kirchenmann führt aus:

---

[61] Huxley: Science, Liberty and Peace. In: Literature and Science, S. 120.

[62] In: Critical Heritage. Hrsg. von Watt, S. 197 ff.

> Oh, wir werden sie davon überzeugen, daß sie erst dann wahrhaftig frei sein werden, wenn sie zu unseren Gunsten ihrer Freiheit entsagen und uns gehorchen. [. . .] Ja, wir werden sie zwingen zu arbeiten; aber in den arbeitsfreien Stunden werden wir ihnen das Leben zu einer Art kindlichen Spieles gestalten, mit Kinderliedern, Chorgesängen und unschuldigen Tänzen. Oh, wir werden ihnen auch die Sünde erlauben; sie sind schwach und kraftlos und werden uns wie Kinder dafür lieben, daß wir ihnen gestatten zu sündigen. [. . .] Und alle werden glücklich sein, alle die Millionen von Wesen, mit Ausnahme der hunderttausend, die über sie herrschen. Denn nur wir, die Hüter des Geheimnisses, nur wir werden unglücklich sein.[63]

Nun ist es allzu leicht möglich, diese Sätze aus dem Zusammenhang der Legende zu lösen und die Legende aus dem Zusammenhang des Romans *(Die Brüder Karamasow)* oder gar (weniger leicht, aber auch geschehen) negative Utopisten, die die Scheinalternative „Freiheit oder Glück" in ihren Romanen den Herrschenden in den Mund legen (Samyatin), als finstere Reaktionäre mißzuverstehen. Im Falle Huxley dürfte das sowohl vom Text her ausgeschlossen sein als auch extern: *Brave New World* behandelt, wie Huxley immer wieder betont, die Gefahren der „ultimate revolution", die darin besteht, „[to make] people love their servitude" (*BNW*-Foreword, 13). „And it's extremely important to realize this, and to take every possible precaution to see that [these things] shall not be achieved. This, I take it was the message of the book – *This is possible: for heaven's sake be careful about it.*"[64] Daß allerdings die angesprochene *Tatsache* (nicht ideologische Behauptung) der „fröhlichen Unterwerfung" sehr wohl ein Problem darstellt, das einer kritischen Untersuchung bedarf (in der Art von Erich Fromms *Die Furcht vor der Freiheit*), ist wohl unbestritten.

Das vorletzte Kapitel von *Brave New World* zeigt nur noch die letzten Konsequenzen der vorher erörterten Wertentscheidung: Eine ganz auf innerweltliches, materielles Glück orientierte Gesellschaft macht die Frage nach Gott (Mond: „I think there quite probably is one", *BNW,* 188), nach der Transzendenz überflüssig. Ebenso erübrigen sich in der Brave New World Heldentum, Opferbereitschaft, Selbstverleugnung und Leiden oder können nicht zugelassen

[63] Fjodor Dostojewskij: Der Großinquisitor. Eine Phantasie. Stuttgart 1981, S. 34, 36, 37.

[64] London-Interview [1961] in: Bedford: Huxley, Bd. 1, S. 245; vgl. auch Brave New World Revisited.

werden, weil sie systembedrohend sind: „It would upset the whole social order if men started doing things on their own. [...] industrial civilization is only possible when there's no self-denial. Self-indulgence up to the very limits imposed by hygiene and economics. Otherwise the wheels stop turning" (*BNW*, 190).

John dagegen fordert Hindernisse und Erschwernisse: „Getting rid of everything unpleasant instead of learning to put up with it. [...] You just abolish the slings and errors. It's too easy. [...] What you need [...] is something *with* tears for a change. Nothing costs enough here. [...] Isn't there something in living dangerously?" (*BNW*, 191). Diese Argumente aus Huxleys Essay „On Making Things Too Easy", die hier allerdings von einem leicht masochistischen Leidens-Menschen vorgetragen und dadurch kontextuell unterlaufen werden, geben Mond die Möglichkeit, John endgültig matt zu setzen. Mond zwingt ihn, die paradoxen Konsequenzen seiner Wertsetzung *consciousness over happiness* auszusprechen:

> ‚But I don't want comfort. I want God, I want poetry, I want real danger, I want freedom, I want goodness. I want sin.' ‚In fact', said Mustapha Mond, ‚you're claiming the right to be unhappy.'
> ‚All right, then', said the Savage defiantly, ‚I'm claiming the right to be unhappy.'
> ‚Not to mention the right to grow old and ugly and impotent; the right to have syphilis and cancer; the right to have too little to eat, the right to be lousy; the right to live in constant apprehension of what may happen tomorrow; the right to catch typhoid; the right to be tortured by unspeakable pains of every kind.'
> There was a long silence.
> ‚I claim them all', said the Savage at last.
> Mustapha Mond shrugged his shoulders. ‚You're welcome', he said. (*BNW*, 192)

Der „irrationale" Rebell gegen den „Fortschritt" (auch eine Dostojewskij-Figur, vgl. *Aufzeichnungen aus dem Kellerloch)* ist der schlüssigen Argumentation Mustapha Monds nicht gewachsen. Und doch bleibt der abstoßende, ekelerregende Eindruck der Gesellschaft von Brave New World bestehen – ein Eindruck, der nicht gerade dadurch gemildert wird, daß sich dort Grundtendenzen *unserer* Gesellschaft voll ausgeprägt haben.[65] In der Brave New World hat gerade nicht eine Umwertung all unserer Werte stattgefunden, im Gegenteil: sie sind dort zu höchster Blüte gebracht. *Brave New World* ist *Gegenwartskritik.*

---

[65] Vgl. Schmerl: The two future Worlds of Aldous Huxley, S. 332.

Das 17. Kapitel endet paradox. Die furchtbare Gesellschaft hat die besseren Argumente auf ihrer Seite, die dagegengesetzte Alternative vollkommen unakzeptable Konsequenzen. Genau diesen Effekt wollte Huxley, wie er im Vorwort von 1946 schreibt, auch erzielen: „At the time the book was written this idea, that human beings are given free will in order to choose between insanity on the one hand and lunacy on the other, was one that I found amusing and regarded as quite possibly true. [. . .] ‚And so they died miserably ever after' – much to the reassurance of the amused, Phyrrhonic aesthete who was the author of the fable" (*BNW*-Foreword, 7/8). Oder, in den Worten von A. E. Dyson: „[. . .] Huxley specializes in ironic traps from which there seems to be no way out; [. . .] he has a genius for locking us in Doubting Castle and demonstrating that all the keys have been lost."[66] Doch die exakte „Werteverteilung" zwischen den beiden abstoßenden Möglichkeiten und Huxleys spätere progressive Lösung der Scheinalternative „Freiheit *oder* Glück" sind noch näher zu betrachten (IV, 6. und 7.).

6. *Die Werteverteilung*

Warum endet *Brave New World* nicht mit dem Schluß der Debatte, mit Mustapha Monds schwerwiegendem „You're welcome"? Was ist die Funktion des „lighthouse"- oder „suicide"-Kapitels 28? Während Helmholtz und Bernard deportiert worden sind, flüchtet John auf's Land; das Leben im verlassenen Leuchtturm ist *seine* Sache – er hat sich, was viele Kritiker überlesen, dem angekündigten „Experiment" Monds entzogen (*BNW,* 194). Selbsterniedrigungen und Selbstkasteiungen der übelsten Sorte füllen nun die Tage des weltabgewandten Eremiten. Die „vernünftige" Fortschrittsgesellschaft hat ihn in die Einöde getrieben, wo er nur noch seinen Garten bestellen will (*BNW,* 200, 202). Die Parallele zum desillusionierten Candide ist unübersehbar, nicht nur wegen dieses Details. *Brave New World* als Ganzes läßt sich durchaus als kulturkritisches „philosophical essay" von der Art der Voltaire'schen Erzählung begreifen[67], und es spricht für das Einfühlungsvermögen des französischen Übersetzers, daß er

[66] A. E. Dyson: This Crazy Fabric. London/New York 1965, S. 167.
[67] Vgl. Henderson: Huxley, S. 93.

Huxleys negativer Utopie unter Bezug auf Voltaire und Leibniz den Titel *Le Meilleur des Mondes* gab.[68] Der in Bitterkeit umschlagende Weltekel erinnert zweifellos auch an Swift (Huxley selbst nannte *Brave New World* „a Swiftian novel about the Future“[69]), was nicht ausschließt, daß die Figur John selbst – in Anschluß an *Do What You Will* – als eine Kritik des von diesem Weltekel erfaßten Swift verstanden werden kann.[70]

Wie auch immer: Daß die multi-medial durchsetzte *consumer society* den Wilden auch beim alternativen Landbau einholt und ihn, sensationell aufgemacht, vermarktet, ist Huxleys zynischer Kommentar zu der Vorstellung, man könne in Systemnischen überwintern. Die rasenden Reporter und die sensationslüsterne Meute der Touristen lassen kein privates Glück in der Stille zu und treffen mit ihren perversen Wünschen („We – want – the whip.“) auf die recht merkwürdige Triebstruktur des Wilden, der – zunächst die hilflose, weinende Lenina, dann sich selbst peitschend – eine sado-masochistische Massenorgie einleitet, die ihm offenbar die erste vollkommene Befriedigung seines Lebens beschert: „It was after midnight when the last of the helicopters took its flight. Stupefied by *soma*, and exhausted by a long-drawn frenzy of sensuality, the Savage lay sleeping in the heather“ (*BNW*, 205). Aus dem Zusammenhang geht unzweideutig hervor, daß John Selbstmord begeht aus Scham, aus sexuellen Schuldgefühlen: „He lay for a moment, blinking in owlish incomprehension at the light; then suddenly remembered – everything. ‚Oh, my God, my God!‘ He covered his eyes with his hand“ (*BNW*, 205/206). Er erhängt sich, weil er nicht widerstanden hat; er erhängt sich, weil ihm unterlief, was er ein Leben lang zu vermeiden suchte.

Dieses Ende des bedauerlichen Psycho-Falles ist Huxleys abschließender Kommentar zur grundsätzlichen Lebensfeindlichkeit der durch John verkörperten „Alternative“. Das letzte Kapitel unterstreicht also, was zuvor entwickelt worden war: John ist nicht „the author's champion“. Was immer diese Figur an Argumenten, die Huxley zu dieser Zeit teilte (vgl. seine Essays), vorbringen mag – es wird systematisch unterlaufen durch die Anlage der Romanfigur selbst. M. a. W.: Die „Werteverteilung“ (Pfister) in *Brave New World* ist nicht nur in dem Sinne ambig, daß die beiden Gesellschaftsentwürfe (idiotische *happiness*-Gesellschaft hier, leidensvolle *conscious-*

---

[68] Vgl. Pierre Jougelet: Aldous Huxley. Paris 1948.

[69] Smith (Hrsg.): Letters. Letter No. 335 (15 September, 1931).

[70] Vgl. Thiel: Brave New World, S. 124–135.

ness-Gesellschaft dort) in unaufgehobener Paradoxie nebeneinandergestellt sind, und dem *prima facie* Horror-Panorma ein argumentativer Sieg eingeräumt wird (vgl. „Die Debatte") – auch die *Wertverteilung innerhalb jeder Möglichkeit ist ambig:* Die sympathischen Einwände des Wilden, mit deren Inhalt sich der Leser wohl anfangs identifizieren mag, werden unglaubwürdig durch die Persönlichkeit dessen, der sie vorträgt, und durch ihre absurden Konsequenzen.
Inwiefern ist aber die Brave New World/Mond-Position ambiguisiert, ist ihr das eindeutig Negative genommen? Zunächst einmal wieder – vollkommen analog – durch ihren Protagonisten, den uneigennützigen, gebildeten, vernünftig argumentierenden Mustapha Mond. Dann aber auch durch unbestreitbare, objektive Daten der fiktiven Weltordnung: In Brave New World ist die Bevölkerungsexplosion – die Huxley außerordentlich beunruhigte – mit Erfolg eingedämmt. Keiner muß Hunger leiden. Jeder hat Arbeit und Anteil am allgemeinen materiellen Wohlstand. Es gibt – im Weltstaat – keine Kriege mehr. Krankheiten sind ausgemerzt. Sauberkeit und Hygiene ermöglichen, zusammen mit den Errungenschaften der Medizin und Biochemie, ein langes Leben. Einsamkeit, Angst und Furcht sind praktisch unbekannt. Selbst der Tod hat seinen Schrecken durch Gegen-Konditionierung verloren. Oppositionelle werden human behandelt – „everybody's happy". Auf der anderen Seite steht eben der Preis, der für all dies zu entrichten war. Diese doppelte Ambiguisierung (zum einen die der Position Johns, zum anderen jener Monds) ist Ausdruck eines fundamentalen Dilemmas beim Autor selbst, „[who] is dramatizing a conflict of his own"[71], und das nicht nur in den expliziten Debatten-Kapiteln.
Daß diese Ambiguität *systematisch* vom Autor *angelegt* wurde, beweist die genaue Analyse seiner Manuskript-Änderungen, die, wie schon erwähnt, 1978 von Donald Watt vorgenommen wurde. Übrigens ist das stark überarbeitete Manuskript von *Brave New World* (Huxley 1931: „I have been overwhelmed by a literary catastrophe – the discovery that all I've been writing during the last month won't do and that I must re-write in quite another way."[72]) wahrscheinlich das einzige Roman-Manuskript, das den Brand überstanden hat, dem 1961 Huxleys Haus samt Bibliothek zum Opfer fiel – so gesehen, ein Glücksfall für die Literaturwissenschaft, da nun quasi dem Autor bei der Arbeit über die Schulter gesehen werden kann. Huxleys Änderungen fallen, nach Watt, in fünf Kategorien:

---

[71] May: Huxley, S. 115, vgl. Thody: Huxley, S. 109; Ferns: Huxley, S. 46.
[72] Smith (Hrsg.): Letters. Letter No. 330 (27 May, 1931).

> the sharpening of local details to achieve verisimilitude, the exercise of restraint and concision for narrative impact, the addition of authorial comments by the omniscient observer to create a satirical tone, the recasting of especially Bernard's and John's characters, and the apparent discovery, during a later stage of revision, of a dramatic structure for the book's climax.[73]

Von besonderem Interesse sind hier die Fälle 3 bis 5, weil sie den Kern der Aussage von *Brave New World* berühren. Daß Huxley nachträglich viele ironische Kommentare und Formulierungen (wie z. B. „Progress", *BNW*, 17) einfügte, gibt zu erkennen, daß er seine eigene Position durch die bloße Schilderung der utopischen Zustände allzuwenig verdeutlicht sah, Mißdeutungen für zu leicht möglich hielt. Diese Distanzierung von der utopischen Gesellschaft geht aber auch Hand in Hand mit einer Distanzierung von den oppositionellen „Helden": „Huxley's script suggests that he thought first of making Bernard an orthodox rebel against his society, and then, instead, of making John a potentially redeeming noble savage hero brought into that society from outside. But the progress of the revisions shows Huxley painstakingly rejecting both options to create the collapsing structural ironies to which he alludes in his 1946 Foreword to the book."[74] Wie die zunächst positiven Opponenten psychologisch „unterlaufen" werden, war schon in den vorhergehenden Abschnitten, allein vom Text her, entwickelt worden – die „manuscript revisions" weisen nun diese Ambiguisierung als bewußte absichtsvolle Korrekturen aus. Besonders Johns Position wird in den späteren Versionen erheblich geschwächt, indem er als „unsettled and misguided fanatic" vorgeführt wird.[75]
Mit einiger Wahrscheinlichkeit sind auch die sog. „Park Lane Hospital Sequences" (Kapitel 14 und 15), mit dem Tode Lindas und der davon kaum zu trennenden Revolte Johns, nachträglich eingearbeitet worden, sicherlich ein dramatischer Gewinn, aber auch die Vierer-Debatte, der im ersten Entwurf offenbar ein reiner Dialog John-Mustapha Mond vorausging – m. E. eine Verschlimmbesserung, die inhaltlich keinen Gewinn bringt und nur das (von Huxley nicht gelöste) Problem aufwirft, wie Bernard und Helmholtz einigermaßen überzeugend wieder von der „Bühne" gebracht werden können.
Die Haupttendenz der Veränderungen ist aber – es sei zum letzten

73 Watt: Manuscript Revisions, S. 369.
74 Watt: Manuscript Revisions, S. 374.
75 Vgl. Watt: Manuscript Revisions, S. 377, 382.

Male wiederholt – die *Ambiguisierung der Werteverteilung*. Es sollen nur „two opposed forms of error" für den „final showdown" zugelassen werden[76]; deshalb wird auch Helmholtz fallengelassen, deshalb wird auch auf einen Einbezug der so verlockend geschilderten Inseln der Unorthodoxen (*BNW*, 182) verzichtet. Huxley spielt einfach – in diesem Aspekt noch ganz in der Tradition seiner Ideenromane der zwanziger Jahre – verschiedene philosophisch-politische Positionen durch, ohne selbst eine explizite positive Norm einzubringen. So wie es dem Leser überlassen bleibt, in der Utopie die Gegenwart zu erkennen (oder eben nicht), so hat er auch seine eigene Position und die des Autors selbständig zu finden bzw. zu rekonstruieren, was gerade bei Huxley nicht einfach ist, weil er sich im Wald der *Möglichkeiten* versteckt, wie Joseph Wood Krutch schon 1925 erkannte:

> It is Mr. Huxley's ill-fortune as a man and his good-fortune as a writer that he happens to be possessed of an absolutely detached mind which, however much it may share the natural human longing for certitude and fixity, never deludes itself into believing that it has found them. Given any premise he can elaborate it with clarity, logic and force into a world-philosophy; but he always chooses to put his philosophy into the mouth of another because he knows perfectly well that, given another premise, he can produce another system quite as logical as the first.[77]

7. *Wessen Gesellschaft?*

Die Namen der Figuren in *Brave New World* sind insofern sprechende Namen, als sie stellvertretend für bestimmte wissenschaftliche, philosophische, politische oder wirtschaftliche Strömungen des 19. und 20. Jahrhunderts stehen; sie bezeichnen gleichsam die Ahnengalerie der utopischen Gesellschaft. *Ford* steht für ihren ökonomischen Grundplan *(mass production, mass consumption)*, *Watson* für die behavioristische Konditionierung, mit der, aufgrund psychoanalytischer Einsichten *(Freud)*, ihr sozial-psychologischer Überbau künstlich geschaffen wird. Diese Zusammenhänge sind im Text des Romans ausgeführt, andere nicht. Der Name *Marx* fällt, hier kombiniert mit dem Vornamen *Bernhard (Shaw)*. Polly *Trotzki*

---

[76] Vgl. May: Huxley, S. 113.

[77] In: Critical Heritage. Hrsg. von Watt, S. 120.

und *Lenin*(a Crowne) haben ihre Auftritte, ebenso wie der deutsche Physiker und Physiologe *Helmholtz* und der italienische Faschistenführer *Benito (Mussolini)*, vereint mit *(Herbert Clark) Hoover*, dem 31. Präsidenten der USA.

Die Entschlüsselung dieser Anspielungen bleibt aber weithin Spiel, sie ist kein Königsweg zum Verständnis der Brave New World, erspart nicht die Analyse, die allein das Funktionieren dieses utopischen Systems aufdeckt. Gänzlich absurd wird der Ansatz der Namensentschlüsselung aber, wenn die Entschlüsseler sich selbst nicht auskennen und mit *Watson* einen englischen Dichter gemeint glauben[78], oder von *Mond* gleich zur *„Weltherrschaft"* springen (frz.: *le monde*, ergo: „Mustapha Mond = must have a world)". Huxley meinte dagegen sicher den einflußreichen britischen Großindustriellen Sir Alfred Mond (Imperial Chemical Industries), der – nebenbei auch Parlamentsabgeordneter der Liberalen, später der Konservativen – nach dem Generalstreik von 1926 versuchte, über eine Art „Konzertierter Aktion" die britischen Gewerkschaften in das bestehende Wirtschaftssystem einzubinden, und dazu mit Ideen wie Gewinnbeteiligung der Arbeiter usw. lockte.[79] *Mustapha* – dies nur nebenbei – ist der Titel einer Tragödie von einem Lieblingsdichter Huxleys, Sir Fulke Greville, dessen Zeilen „Oh wearisome condition of humanity ..." Huxley immer wieder in seinem eigenen Werk zitiert hat. Doch solche Informationen können höchstens ein Verständnis abrunden, das man sich zuvor erarbeitet hat.

Meine Analyse hatte ergeben, daß die Gesellschaft von *Brave New World* die zu Ende gedachte *consumer society* ist, eine utopische Kritik der auf materielle Verschwendung und schnellen Verschleiß orientierten Wegwerfgesellschaft. Dieses Ergebnis – *Brave New World* als negative *ökonomische* Utopie – wird vollauf bestätigt durch Huxleys brillanten Beitrag „Economists, Scientists and Humanists" zu dem schon erwähnten Sammelband von Mary Adams *Science in the Changing World* (vgl. S. 53). Huxleys Essay wurde 1932 geschrieben, also im Jahr nach *Brave New World*, und ist, wenn man so will, eine nicht-fiktionale Kurzfassung des Romans. Da dieser Aufsatz bedauerlicherweise speziell im deutschen Sprachraum kaum bekannt[80] und

---

[78] Jerome Meckier: Aldous Huxley. Satire and Structure. London 1969, ²1971, S. 181; von Erzgräber: Utopie und Antiutopie, S. 165, leider aufgegriffen.

[79] Vgl. Peter Firchow: Wells and Lawrence, S. 270; W. G. Truchanowski: Neueste Geschichte Englands, 1917–1951. Berlin 1962, S. 164–167, 591.

[80] Ausnahmen: Karl Schlüter: Aldous Huxley. In: Englische Dichter der

nicht gerade leicht zugänglich ist, sei ein Referat mit längeren Zitaten erlaubt. Huxley unterscheidet zunächst klar zwischen Wissenschaft als Wert an sich („Truth") und Wissenschaft als Mittel zum Zweck. Er legt dann dar, daß die gegenwärtigen sozio-ökonomischen Schwierigkeiten (Weltwirtschaftskrise Anfang der dreißiger Jahre) eine Folge des Auseinanderklaffens von Naturwissenschaften und Ökonomie seien:

> The present crisis is of our own making; we have brought it on ourselves by allowing our mechanical and agricultural science to develop more rapidly than our economic science. We cannot buy what we produce and are therefore compelled to keep our factories idle and let our fields lie fallow. Millions are hungry, but wheat has to be thrown into the sea. This is where, at the moment, science has brought us.[81]

Aber die Wissenschaften seien nicht der eigentliche Grund der Misere, sie müßten nur systematisch und koordiniert eingesetzt werden, und ihnen müsse ein humanistisches Ziel vorgegeben sein:

> To define the ideal human society is not too difficult. It is a society whose constituent members are all physically, intellectually and morally of the best quality; a society so organized that no individual shall be unjustly treated or compelled to waste or bury his talents; a society which gives its members the greatest possible amount of individual liberty, but at the same time provides them with the most satisfying incentives to altruistic effort; a society not static, but deliberately progressive, consciously tending towards the realization of the highest human aspirations. Science might be made a means for the creation of such a society – but only on condition that the powers it confers be used by rulers inspired by what I may call humanistic ideals.[82]

Diesem humanistischen Ideal sei die Idealgesellschaft der „Ökonomen" diametral entgegengesetzt:

> What is the economist's ideal society? Briefly it is one where there is the maximum of stability and uniformity. The economists want stability because, once you set machinery going, it is hopelessly uneconomic to let it stop or run irregularly. Also industrialists and financiers must be

---

Moderne – ihr Leben und Werk. Hrsg. von Rudolf Sühnel/Dieter Riesner. Berlin 1971, S. 411–422, hier S. 422; Hans Ulrich Seeber: Totalitarismus-Kritik in der modernen englischen Utopie. In: Englische Literatur und Politik im 20. Jahrhundert. Hrsg. von Paul Goetsch/Heinz-Joachim Müllenbrock. Wiesbaden 1981, S. 121–131, hier S. 128.

81 Huxley in: Science in the Changing World. Hrsg. von Adams, S. 210.

82 Huxley in: Science in the Changing World. Hrsg. von Adams, S. 212.

able to look forward with confidence; in a stable world the machine is able to go on running steadily. Again, the economist wants uniformity, because the most profitable form of mechanical production is mass-production. The mass-producer's first need is a wide market – which means, in other words, the greatest possible number of people with the fewest possible number of tastes and needs. Now stability and a certain amount of uniformity are essential pre-requisites to any rational plan for improving the quality of civilization. They are means to ends, not ends in themselves. But it is precisely as ends in themselves that the economist-rulers are likely to conceive them. It is easy to imagine an oligarchy of industrialists and financiers using all the resources of science first to secure world-wide stability and uniformity and then, in the interests of production [also war die „stability" doch kein Selbstzweck! CB], to keep the world stable and uniform. The aim of the economist will be to make the world safe for political economy – to train up a race, not of perfect human beings, but of perfect mass-producers and mass-consumers. One of the things economist-rulers would be almost bound to do is to oppress science itself. Once stability has been attained, further scientific research could not be allowed. For nothing is more subversive than knowledge.[83]

Huxley skizziert dann, wie der „economist ruler" mit Hilfe der „key science" Psychologie (Psychoanalyse und Behaviorismus, deren Leistungen Huxley wieder ausdrücklich anerkennt) sein Profit-System stabilisieren, zu einem „sanften" Totalitarismus machen kann:

But once the position has been stabilized and, above all, once the rulers have been educated up to the point of realizing the extent of the power which psychological science has placed in their hands, strong government will cease to be necessary. When every member of the community has been conditioned from earliest childhood to think as his rulers desire him to think, dictatorship can be abandoned. The rulers will re-establish democratic forms, quite confident that the sovereign people will always vote as they themselves intend it to vote.[84]

All dies zu einem Zweck: „For the economist-ruler, scientific propaganda will seem a heaven-sent instrument. He will use it to train up that perfect race of producers and consumers of which industry has need. [. . .] They may actually succeed in creating a great world-wide community united by common beliefs and aspirations, common wants, tastes and thoughts."[85]

[83] Huxley in: Science in the Changing World. Hrsg. von Adams, S. 212/13.
[84] Huxley in: Science in the Changing World. Hrsg. von Adams, S. 216.
[85] Huxley in: Science in the Changing World. Hrsg. von Adams, S. 217.

Huxley stellt klar, daß eine solche Gesellschaft für jeden Humanisten untragbar wäre, da in ihr der Zentralwert „Freiheit" abgeschafft wäre, und er führt weiter aus, wie jede wissenschaftliche Errungenschaft – weil *Mittel* – von den „economist-rulers" in ihr Gegenteil verkehrt werden könne (z. B. Eugenik zur *Verminderung* menschlicher Potentialität).

> Science in itself is morally neutral; it comes good or evil according as it is applied. Ideally, science should be applied by humanists. In this case it would be good. In actual fact it is more likely to be applied by economists, and so to turn out, if not wholly bad, at any rate a very mixed blessing. It rests with us and our descendants to decide whether we shall use the unprecedented power which science gives us for good or for bad purposes.[86]

Am Beispiel der Funktion der Naturwissenschaften hat Huxley in diesem Essay von 1932 also aufgewiesen, daß die Ziele und Absichten derjenigen, die das System der industriellen Massenproduktion vertreten, *zutiefst und essentiell anti-humanistisch sind. Brave New World ist die fiktionale Fassung dieser Einsicht.*

Und doch war ja, was Huxley in seinem späteren Vorwort selbst kritisiert, in *Brave New World* ein positiver Gegenentwurf ausgeblieben. Wenn er schon 1946 in diesem Vorwort die Alternative in dezentralen, autonomen Kooperativen sieht, in denen die Menschen als selbstbestimmte Subjekte leben, nicht Objekte übergeordneter Machtstrukturen und Interessen sind, so ist dies kein leichthin formulierter Vorschlag. Schon in *Ends and Means* (1937) hatte er in diese Richtung gedacht und sein gesellschaftliches Konzept in den Folgejahren bis zu seinem Tod systematisch aus der Kritik des Bestehenden entwickelt. Wie im „Foreword" von 1946 wendet er sich auch in „Science, Liberty and Peace" (1947) gegen die industrielle Nutzung der Atomenergie, die unweigerlich zur Veränderung der ganzen Gesellschaft, in neueren Worten: zum Atomstaat, führen müsse:

> The result, pretty obviously, will be a series of economic and social changes unprecedented in rapidity and completeness. All the existing patterns of human life will be disrupted and new patterns will have to be improvised to conform with the nonhuman fact of atomic power (*BNW*-Foreword, 11).
>
> In view of all this, we must conclude that atomic energy is, and for a

[86] Huxley in: Science in the Changing World. Hrsg. von Adams, S. 222/223.

long time is likely to remain, a source of industrial power that is, politically and humanly speaking, in the highest degree undesirable.[87]

Er übt weiterhin Kritik – wie schon in seinem „Progress“-Essay von 1928 – an einem kindischen Fortschrittsglauben, der Glück an den Raten *materiellen* Wachstums mißt. In seinem *Life*-Essay „Brave New World“ (1948) geißelt er die industriellen Wachstumsgesellschaften – als eine solche will er auch die von *Brave New World* verstanden wissen –, weil sie sich dem „myth of Progress“ verschrieben haben:

> The nations of the West are all „sick societies“, disintegrating under the impact of an advancing technology that destroys the patterns of familial and communal living, cuts off man from contact with Nature, deprives him of opportunities for spontaneously creative activity, imposes upon his organism the clockwork rhythm of machines, makes him think of the world and his fellows in „mechanistic“ terms which are basically inappropriate to life and personality.[88]

Indem er verstärkt ökologische Probleme miteinbezieht (z. B. die Plünderung der Ressourcen), argumentiert er, solcher Fortschritt geschehe „at the expense of Nature“, stehe in Opposition zur eigentlich menschlichen Dimension wahren Fortschritts, einem *inneren, immateriellen Wachstum.*

In *Brave New World Revisited* (1958) weist er die „fearful topicality [of *Brave New World*]“[89] nach und wiederholt angesichts der ökologischen und ökonomischen Krise, angesichts der Konzentration politischer und wirtschaftlicher Macht, angesichts der Bevölkerungsexplosion und der systematischen Manipulation der Menschen durch Massenmedien seine Frage („sick societies“), bis zu welchem Punkt eine Gesellschaftsordnung eigentlich noch als „normal“ – im Sinne von psychisch gesund – gelten könne. Unter ausdrücklichem Bezug auf Erich Fromm[90], dessen Kritik an der „Fortschrittsreligion“ und einer *Haben*-Gesellschaft mit pathologischem Verbrauch und pathologischer Besitzorientierung sich ja großflächig mit der Huxleys deckt, kritisiert er die industrielle Wachstumsgesellschaft als anormalen Zustand. Die den objektiven Gefahren vollkommen unangemessene Gelassenheit der meisten Menschen ist ihm ein untrügliches Symptom ihrer weit vorgeschrittenen, tiefgreifenden

---

[87] Huxley: Science, Liberty and Peace. In: Literature and Science, S. 162.
[88] Huxley: Brave New World. In: Life, 25 (20 Sept., 1948), S. 63, 64, 66, 68, 70, hier S. 70.
[89] Smith (Hrsg.): Letters. Letter No. 511 (18 March, 1946).
[90] Huxley: Brave New World Revisited, S. 35.

seelischen Störung. Die ausbleibende Unruhe ist schon Ausdruck eines Verlustes an Realitätssinn, signalisiert fehlenden Wirklichkeitsbezug.

Huxley setzt trotzdem auf „a large-scale popular movement towards decentralization and self-help" (*BNW*-Foreword, 12), auf gewaltfreien Widerstand im Sinne Gandhis[91], auf selbstverwaltete, dezentralisierte Produktions- und Lebenseinheiten, in denen eine Art ökologischer Kreislaufwirtschaft betrieben wird.[92] Indem er 1948 das Ziel formuliert:

> We must discover what are the circumstances under which human beings can live most sanely, contentedly and creatively. In the light of such knowledge we can proceed to use advancing technology for the purpose of creating these favorable conditions at the lowest possible cosmic cost[93],

knüpft er an die *Brave New World*-Fundamentalopposition der „Simple Lifers" und „Culture Fans" an, und weist die Scheinalternative „Glück *oder* Freiheit" als abwegig zurück. In seiner positiven Utopie *Island* (1962), für jeden *Brave New World*-Leser wohl ein Muß, sind schließlich Glück und Freiheit im oben skizzierten Sinn versöhnt, unauflösbar miteinander verbunden. Die Existenz des Menschen wird als geistige *und* materielle in ein gesellschaftliches System gebettet, das nicht bis an die Grenzen materiellen Wachstums expandiert; das Wachstum ist – grenzenlos – nach innen verlegt.

Huxley sah *Island*, seinen letzten Roman, als Summe seines Denkens an, als Vermächtnis. Der Literaturmarkt zeigte sich wenig interessiert.

---

91 Vgl. Huxley: Science, Liberty and Peace, S. 121.

92 Vgl. Huxley: Brave New World Revisited durchgehend, bes. aber S. 33, 35, 50, 73, 145, 153.

93 Huxley: Brave New World. In: Life, S. 70.

V. Aspekte der Rezeption von „Brave New World"

1. Die Schwierigkeiten des Lesens

Vor die literarische Kritik haben die Götter die genaue Lektüre gesetzt. Daß es notfalls auch ohne geht, belegt die Behandlung, die Huxleys Büchern in sechs Jahrzehnten durch Literaturwissenschaftler und professionelle Literaturkritiker zuteil geworden ist. „Probably no important contemporary writer", schrieb Alexander Henderson schon 1935, „has been read with such superficiality, even by his most intelligent readers, as Huxley"[1]. Dieser Trend ist kaum gebrochen – *Brave New World* ein gutes Beispiel dafür.

Die Schwierigkeiten beginnen – unerwartet früh – mit dem Titel: Edwin Burgum läßt sich in seinem Band *The Novel and the World's Dilemma* (1947) wiederholt über *This Brave New World* aus – eine Merkwürdigkeit, die auch im Nachdruck von 1963 nicht beseitigt ist. Überfordert scheint mancher auch schon mit der richtigen Datierung des Romanes (geschrieben Mai bis August 1931, veröffentlicht im Februar 1932). Sowohl Wolfgang Simon (*Die englische Utopie im Lichte der Entwicklungslehre*, Breslau 1937) als auch E. W. Eschmann („Zukunft – wieder besichtigt: Zu den Schriften Aldous Huxleys", *Merkur*, 26 [1962], S. 976–983) nennen 1931 als Veröffentlichungsjahr. Doch Probleme mit der Chronologie haben nicht nur deutsche Experten: Jenni Calder läßt Huxley *Brave New World* schon 1930 schreiben (*Huxley and Orwell: ‚Brave New World' and ‚1984'*, London 1976), ihr Kollege Jerome Meckier verschiebt das wichtige Vorwort von 1946 – von ihm hartnäckig „Foreward" [sic] genannt – auf 1947 (*Aldous Huxley – Satire and Structure*, London ²1971). Anderen Huxley-Romanen widerfährt Ähnliches: für *Ape and Essence* (1948) gibt Jacob Vinocur 1951 an (*Aldous Huxley – Themes and Variations*, University of Wisconsin 1958); Karl Schlüter verlegt *Point Counter Point* von 1928 auf das Jahr 1925 vor (in Sühnel/Riesner [Hrsg.]: *Englische Dichter der Moderne*, Berlin 1971); nach John A. Atkins (*Aldous Huxley – A Literary Study*, London 1957, new and revised edition 1967) erschien *Brave New World Revisited* (1958) erst im Jahre

[1] Henderson: Huxley, S. 6.

1965. Höhepunkt dieser erstaunlichen Verwirrung ist zweifellos die Werkabfolge, die Helmut Uhlig 1950 in der *Neuphilologischen Zeitschrift* zum besten gab: „Auf *Point Counter Point* [1928, CB] folgten *Crome Yellow* [1921, CB] und [...] *Those Barren Leaves* [1925, CB]" (S. 279).

Auch die Jahreszahlen der fiktiven Welt werden schlecht bewältigt: Obwohl *Brave New World* im Jahre 2540 n. Chr. spielt (= 632 A. F.), kommt Andrew Hacker (*Journal of Politics*, 17 [1955], S. 590–613) auf die Zeit um 2030, und H. G. Harwood tippt in seiner Rezension (*Saturday Review*, 6. Februar 1932): „But I shall welcome Mr. Huxley's return to the so-called twentieth century; to 300 B. F., is it?" No, it isn't. 24 A. F. wäre richtig gewesen. Wenn schließlich Peter Firchow in seiner Monographie *Aldous Huxley – Satirist and Novelist* (Minneapolis 1972) zwölf „World Controllers" zählt, obwohl Huxley von zehn spricht, dann signalisiert das nur abermals eine – zuerst am unbedeutenden Detail sichtbare – erschreckende Ungenauigkeit und Sorglosigkeit im Umgang mit dem Stoff, eine Haltung, die wenig professionelle Ernsthaftigkeit erkennen läßt.

Man könnte diese Fälle getrost unter dem Stichwort „Kuriosa" abheften, wenn sich dieser sorglose Umgang mit Tatsachen nicht auch in der ungleich wichtigeren Beschäftigung mit dem Text selbst fortsetzen würde. In den weitverbreiteten *Coles Notes* (Toronto 1981) zu *Brave New World* – aber nicht in *Brave New World* selbst – wird Linda mit Popé vermählt, nach indianischem Ritus, wie detailfreudig vermeldet wird. Sowohl für John Hawley Roberts (*Virginia Quarterly Review*, 13 [1937], S. 546–557) als auch für den anonymen Rezensenten des *Times Literary Supplement* (4. Februar 1932) ist John ein Mischling, Sohn eines Indianers. Man fragt sich unwillkürlich, wie irgend jemand die seitenlange Reminiszenz des D. H. C. und die „Wiederbegegnungsszene" im zehnten Kapitel einfach überlesen haben kann – und dann auch noch eine Rezension schreibt. Überraschende Veränderungen erfährt auch das Ende von *Brave New World* in manchen Abhandlungen: Granville Hicks deportiert Helmholtz und Bernard nicht nach Island und auf die Falklands, sondern nach – Irland (*Critical Heritage*, S. 220). Dafür läßt der schon erwähnte Peter Firchow John in die Wüste flüchten. In besonderer Weise scheint jedoch die abschließende Massenorgie die Phantasie der Kritiker zu beflügeln: So erinnert sich Harold H. Watts (*Aldous Huxley*, New York 1969), daß John bei dieser Gelegenheit Lenina umbringt ... Die Schwierigkeiten des Lesens beginnen also schon recht früh. Willkommen ist da jede Hilfe, wie sie z. B. die unnachahmlichen *Coles Notes* (s. o.) bieten: „Lenina is a variation of Lenin –

Nikolai [!] Lenin, the Russian Socialist, who had great influence in the formation of the Union of Soviet Socialist Republics, the present-day Russia [!]" (S. 47).
Wie hatte Huxley 1932 in *Music at Night* geschrieben? „Because we all know how to read, we imagine that we know what we read. Enormous fallacy!" Huxleys Skepsis ging offenbar noch nicht weit genug.

2. *Der Reiz der Phänomene*

Die Geschichte der Rezeption von *Brave New World* ist über weite Strecken eine Geschichte von Mißverständnissen und Fehlinterpretationen, die einem kritischen Vergleich mit dem Romantext selbst nicht standhalten. Anders als im vorigen Abschnitt soll es in diesem und in den folgenden aber nicht darum gehen, grobe Fehler und Entstellungen bloß als Zeichen mangelnder Ernsthaftigkeit im Umgang mit dem Text zu werten. Vielmehr soll die *Logik der Fehlinterpretationen* skizziert werden; m. a. W.: Es soll versucht werden aufzuweisen, welche Interessen, Fragestellungen und Ausblendungen welche Auffassungen des Romans nach sich gezogen haben, wie das Bild der Brave New World in der Abfolge der Rezeptionen in gewissem Maße eine Funktion der jeweiligen Position der Rezipienten gewesen ist.
Es geht in diesem Teil um eine Gruppe von Interpretationen, denen gemeinsam ist, daß sie auf ein bestimmtes *Phänomen* der Brave New World fixiert sind (z. B. ‚science' oder ‚sex' oder ‚lack of religion'), es derart akzentuieren, daß alle anderen zurücktreten, und – viel folgenreicher – nie zum Grundplan der Brave New World vordringen. Obwohl die meisten Kritiker sehr wohl Huxleys fundamentale Unterscheidung zwischen Wissenschaft als positivem Ziel (‚truth', ‚pure science') und ambivalentem Mittel (‚applied science') nachvollziehen können und auch richtig erkennen, daß es in *Brave New World* um die verheerenden Auswirkungen einer machtpolitisch eingesetzten (und eingeschränkten!) Wissenschaft geht[2], gibt es doch

[2] Z. B. Irvin Ehrenpreis: Orwell, Huxley, Pope. In: Revue des Langues Vivantes, 23 (1957), S. 215–230, hier S. 219, 226; Martin Schwonke: Vom Staatsroman zur Science Fiction. Eine Untersuchung über Geschichte und

eine starke Minderheit, die die (Natur-) Wissenschaft selbst für den Kernpunkt der Brave New World hält. So schreibt beispielsweise Alexandra Aldridge, *Brave New World* zeige selbstverständlich „the scientific society in its pure form"; die bio-chemische Manipulation der Gattung basiere auf dem Glauben, wissenschaftliche Erkenntnis sei ein Wert an sich.[3] Peter Bowering sieht „science as the destroyer of values" und zieht aus *Brave New World* den Schluß, „unlimited scientific progress means the defeat of mankind", um dann, konfrontiert mit der Tatsache, daß gerade in Brave New World die Wissenschaften extrem kontrolliert werden, zu schließen, das sei eben paradox und ironisch.[4] Auch in manchen *Study Aids* wird *Brave New World* als Warnung vor „den" Wissenschaften verkauft: „One of the chief charges of our time is that science is irresponsible and must be legally controlled. In *Brave New World,* we are shown the result of failing to establish that control."[5] A. E. Dyson behauptet, „Huxley sees it [science] as his [man's] last and deadliest enemy"[6], und Julian L. Ross assistiert, „that belief [that science is supreme] leads to a brave new world"[7]. Auch Willi Erzgräber stellt die Verhältnisse der Brave New World einfach auf den Kopf, wenn er schreibt: „Huxley kritisiert die Übersteigerung naturwissenschaftlichen Denkens und die (möglichen) Einflüsse dieses Denkens auf die Umgestaltung der sozialen und politischen Verhältnisse."[8]

Diese Reihe ließe sich fast beliebig fortsetzen; all diesen Interpreten ist gemeinsam, daß sie sich mehr oder weniger standhaft weigern zu erkennen, daß die Wissenschaften in Brave New World als *Mittel zu einem politischen Zweck* eingesetzt werden, daß sie selbst auf schlimme Weise amputiert sind und weit davon entfernt, die Gesellschaft der Brave New World zu beherrschen. Solch eine falsche Lesart hat zweifellos ihren konkreten Urprung in der überaus beeindruckenden, konzentrierten Schilderung naturwissenschaftlich-technischer Verfahren, die Huxley in den Anfangskapiteln von *Brave New World*

Funktion der naturwissenschaftlich-technischen Utopie. Stuttgart 1957, S. 57; Tuzinski: Devolutionistische Utopie, S. 105.

[3] Brave New World and the Mechanist/Vitalist Controversy. In: Comparative Literature Studies, 17,2 Part II (1980), S. 116–132, hier S. 119, 125.

[4] Aldous Huxley. A Study of the Major Novels. London 1968, S. 26, 31, 111.

[5] Coles Notes, S. 22; ebenso Graham Handley: Brodie's Notes on Aldous Huxley's Brave New World. London/Sydney [4]1977, S. 16, 35.

[6] This Crazy Fabric, S. 176.

[7] Philosophy in Literature. Syracuse University Press 1949, S. 99.

[8] Utopie und Antiutopie, S. 15.

liefert – obwohl schon da wiederholt der Zweck dieser Maßnahmen explizit genannt wird. Wenn nun viele Leser und manche Kritiker diese Erklärung ignorieren, und sich der Eindruck der „babies in bottles" gar so sehr verstärkt, daß sie das (für den aufmerksamen Leser gar nicht überraschende) Statement des Mustapha Mond, natürlich sei in Brave New World freie Wissenschaft *nicht* zugelassen, überhaupt nicht mehr zur Kenntnis nehmen, dann muß nach einem tieferliegenden Grund für diese Ausblendung seitens der Leser gesucht werden – Huxleys literarische Meisterschaft allein kann solches Kleben an Phänomenen und solche Verdrängung expliziter Informationen nicht hinreichend erklären.

Der Grund liegt, so vermute ich, darin, daß es allemal leichter fällt, aufrichtig empört und beunruhigt „die" Wissenschaften für alles mögliche verantwortlich zu machen, als konkrete Machtverhältnisse zu kritisieren, in denen „die" Wissenschaften erst eine anti-humanistische Funktion erhalten. Dieser aufschlußreichen Verschiebung verwandt scheinen mir all jene Ansätze, die, allerdings schon einen Schritt weiter, *Brave New World* als Warnung vor der Technik, der Technologie, der Mechanisierung verstanden wissen wollen. Hier wird meistens erkannt, daß es Huxley um Auswirkungen bestimmter Anwendungen geht – die Frage nach dem machtpolitischen und ökonomischen Warum wird aber in der Regel auch hier nicht gestellt.[9]

Das ungewöhnliche *sexuelle Verhalten* der Utopier scheint eine ähnliche phänomenale Faszination auszuüben wie die „babies in bottles". Zwar stellt Milton Birnbaum in seinem empfehlenswerten Aufsatz „Aldous Huxley's animadversions upon sexual love"[10] zu Recht fest, in *Brave New World* wie in anderen Werken Huxleys sei Sexualität fast immer mit Schuld, Ekel und Abscheu gekoppelt; ebenso berechtigt konstatiert auch Atkins „sex-hatred and sex-fascination" bei Huxley, sowie „his disgust with bodily functions"[11]; doch solche Sicht identifiziert im Falle *Brave New World* Huxley zu leicht mit dem neurotischen John und gibt der in mancher Hinsicht normaleren Lenina die eindeutig schlechteren Karten („pervers"). So

---

[9] Z. B. bei Milton Birnbaum: Aldous Huxley's Quest for Values. University of Tennessee Press 1971, S. 144; Suzanne Heintz-Friedrich: Aldous Huxley. Entwicklung seiner Metaphysik. Bern 1948; Erwin Stürzl: Aldous Huxley. Zeitgebundenheit und Zeitlosigkeit seines Werkes. In: Stimmen der Zeit, 156 (April 1955), S. 49–59, hier S. 55.

[10] Texas Studies in Literature and Language, 8 (Summer 1966), S. 285–296.

[11] Huxley, S. 78, 72; ebenso Thody: Huxley, S. 55.

wird das Zusammentreffen von Lenina und John zu einem Konflikt von eindeutig zugeordneten positiven und negativen Werten verfälscht, während es im Text selbst eine tragikomische, unaufgehobene Konfrontation zweier in sich schlüssiger, doch nicht zu vereinbarender Positionen ist.[12] Der Text wird so – sieht man Lenina bruchlos in der Kontinuität des Huxley'schen „bitch-motif" – vereindeutigt (was uns noch häufiger begegnen wird), und je höher die Bedeutung der Sexualität überhaupt in *Brave New World* veranschlagt wird, desto eher ist der Roman bloß ein weiteres Beispiel für den durch die sexuelle Revolution tief beunruhigten (aber auch faszinierten) Puritanter Huxley. Jede Überbetonung der Rolle der Sexualität in *Brave New World* verschiebt so nicht nur (selbstverständlich) den Kern der Aussage, sie tendiert auch dazu, Huxley konservativer (oder frecher, frivoler) scheinen zu lassen, als er tatsächlich war. Wenn manch einer fabuliert, in *Brave New World* seien alle unsere Werte auf den Kopf gestellt, dann tut es gut, bei Rudolf B. Schmerl in aller Klarheit zu lesen, daß in dieser Utopie ja tatsächlich nur *ein* Wert, eben die sexuelle Norm, so „verkehrt" ist[13]; alle anderen sind konsequent aus der Gegenwart extrapoliert, und heute mag man selbst seine Zweifel haben, ob nicht auch die Sexualität der Brave New World eine bloße Extrapolation ist. Daß überhaupt der Eindruck einer totalen „Umwertung aller Werte" entstehen kann, hängt wohl damit zusammen, daß Sexualität nun einmal ein äußerst sensitiver Bereich ist, der mitunter, auch in der Rezeption von Literatur, für manchen überdimensionale Proportionen annimmt, was dann aber, wie in unserem Fall, weniger mit dem Text selbst zu tun hat. Wenn beispielsweise Alexandra Aldridge schreibt, „Sex is the principal social acitivity [in Brave New World]"[14], so fällt auch dies wohl eher in die Kategorie „der Reiz der Phänomene".
Eine letzte Beispielgruppe dieser Kategorie kann kurz abgehandelt werden, da sie schon erwähnt wurde (vgl. S. 69); es handelt sich um jene Interpretationen, in denen dem angeblichen Fehlen von Religion in der Gesellschaft von Brave New World große Bedeutung beigemessen wird. Jeder solche Ansatz führt in Schwierigkeiten, weil es ja in Brave New World unstreitig eine Religion *gibt,* so daß der Kritiker erst einmal seine Unterscheidung zwischen „echter" und „falscher" Religion herleiten muß, worüber, falls er es überhaupt tut, dann meistens vergessen wird, was Huxley denn mit seiner *Brave*

[12] Gut dazu Erzgräber: Utopie und Antiutopie, S. 152/153.
[13] The two future Worlds of Aldous Huxley, S. 332.
[14] Vgl. Fußnote 3, hier S. 125.

New World-Religion eigentlich zeigen wollte: die sozial-psychologische Funktion von Religion, selbst in einem materalistischen, ganz diesseitigen System.[15] Hier wäre also jemand von einem Phänomen fasziniert, das im Roman gar nicht vorkommt – auch ein Phänomen.

3. *Wo steckt Huxley? Oder, gesucht – gefunden: das Positive in „Brave New World"*

Eine beruhigend große Zahl von *Brave New World*-Kritikern hat richtig erkannt, daß in dem Roman selbst – dazu hätte es nicht erst der Klarstellung im Vorwort von 1946 bedurft – kein positiver Gegenentwurf zur utopischen Gesellschaft und auch keine positive individuelle Gegenposition gestaltet oder auch nur hinreichend angedeutet ist. Hat man aber verstanden, daß in *Brave New World* „opposite extremes of folly"[16] paradox gegeneinander gesetzt sind, daß Huxley mit keiner der beiden Seiten zu identifizieren ist, folglich auch kein Sprachrohr, keinen Stellvertreter im Roman hat[17], dann kommt man schnell zu den wirklich wesentlichen Fragen: Welches Gesellschaftsideal läßt sich denn aus Huxleys negativer Utopie rekonstruieren, wie sieht das Positiv dieses negativen Abdrucks aus? Oder: Muß man überhaupt Huxleys Alternative Glück oder Freiheit, Glück oder Bewußtheit akzeptieren?[18]

---

[15] Anders aber bei Meckier: Satire and Structure, S. 197; Firchow: Huxley. Satirist and Novelist, S. 126; Georg H. Huntemann: Utopisches Menschenbild und utopisches Bewußtsein im 19. und 20. Jahrhundert. Erlangen 1953, S. 118.

[16] Bullett in: Critical Heritage. Hrsg. von Watt. S. 213; ebenso Alan Reynolds Thompson: The New Novels: Brave New World. In: Bookman (New York), 79 (March 1932), S. 690–692, hier S. 690; Peter Firchow: The Satire of Huxley's Brave New World. In: Modern Fiction Studies, 12 (Winter 1966/67), S. 451–460, hier S. 460.

[17] Vgl. Seeber: Wandlungen der Form, S. 146; Joseph Mainsard: Aldous Huxley, moraliste. In: Etudes, Revue Catholique d'intérêt générale (Februar 1933), S. 279–301, hier S. 292.

[18] Vgl. Hazlitt in: Critical Heritage. Hrsg. von Watt. S. 216/217; V. S. Pritchett: Books in General. In: New Statesman and Nation, 27 [new series] (April 15, 1944), S. 259; Woodcock: Utopias in Negative, S. 83.

Zu solchen Fragen gelangt aber erst gar nicht, wer, aus Gründen, über die noch zu sprechen sein wird, den positiven Gegenentwurf im Roman selbst schon eingeführt sieht. In der Gruppe dieser Interpretationen gibt es wiederum zwei Varianten: Die einen sehen Huxleys Ideal durch John verkörpert, die anderen (weniger zahlreich) identifizieren Huxley mit Mustapha Mond. Wenden wir uns zunächst der ersten Untergruppe zu: In ihr wird John als *Noble Savage* aufgefaßt, als von der korrupten Gesellschaft unberührter Naturbursche, als humanistischer Autodidakt (Shakespeare!) oder als einsamer Mystiker.[19] Solche Thesen lassen sich natürlich nur aufstellen, wenn eine extrem selektive Lektüre des Romans vorhergegangen ist: Die ausführliche Schilderung der schlimmen Kindheit und Jugend des „Wilden" wird entweder unterschlagen oder herabgespielt oder verklärt, so daß sich die Frage, ob John überhaupt als psychisch normal (in unserem Sinne) angesehen werden kann, gar nicht erst ergibt. Indem seine Anamnese nicht angemessen berücksichtigt wird, umgeht man nicht nur die Frage, welche Funktion diese retrospektiven Teile des Romans überhaupt haben, man schafft auch die Voraussetzung für eine verzerrende Vereindeutigung des Wilden, dessen Position eben nicht mehr psychologisch unterlaufen wird. Doch die stärksten Revisionen und Uminterpretationen erfordert – verfolgt man diesen Ansatz – die Selbstmordszene, die ja von Huxley nicht zufällig an das Ende des Romans gestellt wurde; hier sollte die psychische Abnormität Johns noch einmal unzweideutig unterstrichen werden. Wer jedoch – wider den Text – an John als positivem Protagonisten festhält, muß den Grund für den Selbstmord aus John herausverlegen: Sein Selbstmord ist dann nicht mehr die letzte, extremste Form von Selbstbestrafung, ausgelöst durch seine Scham, sein Gefühl, zu schwach gewesen zu sein und fleischlichen Lüsten nachgegeben zu haben – Schuld am Selbstmord hat dann die Brave New World. John wird als ihr tragisches Opfer interpretiert, ist nicht mehr das groteske Opfer seiner psycho-sexuellen „Konditionierung" im Reservat. Konkret liest sich solche Ummünzung zur „Rettung" Johns und zur Verklärung seines Selbstmordes folgendermaßen:

> „Suicide [. . .] is the price he has to pay for his humanity" (Jenni Calder).[20]

---

[19] So Handley: Brodie's Notes, S. 24; im Ansatz Rolo: Introduction, S. XX; Ghose: Cynical Salvationist, S. 40; Ehrenpreis: Orwell, Huxley, Pope, S. 215.
[20] Brave New World and 1984, S. 31.

„It [John's suicide] represents the willful destruction of imagination. It is the triumph of mediocrity over wit" (Coles Notes).[21]

„So zieht er sich in seinen verlassenen Leuchtturm zurück und erhängt sich schließlich aus lauter Verzweiflung, während Helmholtz und Marx verbannt werden" (Robert Fricker).[22]

„Huxley had John commit suicide in order to show the hopelessness of life in the Brave New World. [...] there was *also* [Hervorhebung CB] a conflict within himself because of his ambivalent feelings towards Lenina" (Paul W. Gannon).[23]

„John's suicide, motivated by guilt, symbolizes the fact that in this world no true self can survive" (Charles Mason Holmes).[24]

„[...] der Wilde [...] bringt sich um, weil er den Weg in die mechanisierte mätopische Welt nicht finden kann und will" (Georg H. Huntemann).[25]

„Tausende von Neugierigen kommen jeden Tag, um den Wilden zu sehen; er verzweifelt und nimmt sich das Leben" (Wilhelm Poschmann).[26]

„Mr. Savage begeht Selbstmord, weil in dieser seelenlosen Gesellschaft für seine Art überhaupt kein Platz ist" (Hans Ulrich Seeber).[27]

„John Savage kann es nicht länger ertragen, ständig von den Weltstaatsbewohnern beobachtet zu werden. Durch die neue Zivilisation an sich selbst irre geworden, macht er seinem Leben ein Ende. [...] Der Freitod des ‚Wilden' John Savage zeigt darüber hinaus, daß der empirische Mensch als Einzelner den destruktiven Kräften der *Brave New World* schutzlos ausgeliefert und erlegen ist. [...] [sein Freitod] dokumentiert [...] letztlich eine kompromißlose Absage an Utopia" (Konrad Tuzinski).[28]

„When he sees that there is no escape from it [Brave New World], he hangs himself" (Jacob Vinocur).[29]

Dagegen – zur Erinnerung – bei Huxley:

Stupefied by *soma,* and exhausted by a long-drawn frenzy of sensuality, the Savage lay sleeping in the heather. The sun was already high when he

[21] S. 46.
[22] Der moderne englische Roman. Göttingen 1958, S. 157.
[23] Aldous Huxley's Brave New World and Point Counter Point, After Many A Summer Dies the Swan, Eyeless in Gaza [Monarch Notes]. New York 1965, S. 36, 43.
[24] Aldous Huxley and the Way to Reality. Bloomington/London 1970, S. 89.
[25] Utopisches Menschenbild, S. 167.
[26] Kritisches Weltbild, S. 78.
[27] Wandlungen der Form, S. 150.
[28] Devolutionistische Utopie, S. 111, 112, 133.
[29] Themes and Variations, S. 168.

awoke. He lay for a moment, blinking in owlish incomprehension at the light; then suddenly remembered – everything.

‚Oh, my God, my God!' He covered his eyes with his hand. (*BNW*, 205/206)

Dann folgt der Selbstmord. Man kann ohne Übertreibung sagen, daß keine andere Szene des Romans in der Rezeption so häufig und so massiv Verzerrungen und Umwertungen erfahren mußte wie gerade diese Schlußpassage. Der Grund liegt auf der Hand: Ohne die Revision der Selbstmordpassage ist John als positiver Protagonist nicht zu halten (womit andersherum nicht gesagt ist, daß in allen oben aufgeführten Fällen die Uminterpretation mit dieser Konsequenz erfolgt ist).

Während diese *Noble Savage*-These häufig in einer Unkenntnis der Eigenart der Huxley'schen Ideenromane wurzelt – Huxley setzt in der Regel nur Ideen spielerisch gegeneinander, ohne selbst eindeutig Stellung zu beziehen –, geht eine verwandte, ebenso schiefe Interpretationsweise gerade auf eine Überbetonung des Huxley'schen Werkkontextes zurück: In diesen Fällen wird John als Verkörperung des „life-worship" oder als Porträt D. H. Lawrences aufgefaßt, weil – so diese Vertreter – Huxley ja in dieser Phase solchen Gedanken angehangen habe. *Brave New World* wird also über den Leisten einer Periodeneinteilung geschlagen, mit dem absurden Ergebnis, daß ausgerechnet der verklemmte, neurotische, sich selbst peitschende und peinigende John als Sinnbild einer erfüllten Existenz ausgegeben wird. Exzessen gibt er sich ja zweifellos hin – aber kann man sie im Ernst als „balanced" bezeichnen? Und außerdem: Einer der zentralen Punkte der Huxley'schen Philosophie des „life-worship" (so wie in *Do What You Will* dargelegt) war doch gewesen, daß, wer versucht, „übermenschlich" zu sein (i. S. v. reiner, größer, geistiger), schließlich „untermenschlich" wird. Wenn John in *Brave New World* also überhaupt so streng in der Kontinuität des Huxley'schen Schaffens dieser Zeit zu sehen ist, dann doch wohl als abschreckendes Beispiel, als genaues Gegenteil eines „life-worshippers": John versucht ja, „mehr" zu sein, und wird dadurch „weniger". Ähnlich fragwürdig ist die Zwillingthese, John sei Huxleys Porträt seines Freundes Lawrence[30], oder vertrete zumindest teilweise dessen

---

[30] Coles Notes, S. 49; William York Tindall: Forces in Modern British Literature, 1885–1946. New York 1947, ²1956, S. 173; eingeschränkt in ders.: The trouble with Aldous Huxley. In: American Scholar, 11 (Fall, 1942), S. 452–464, hier S. 455.

Weltanschauung.[31] Zu Recht ist dem vom Text her entgegengehalten worden, falls es sich wirklich um ein Porträt des verstorbenen Freundes handele, sei es ja wohl ein recht gehässiges[32]; wenn man John „in etwa" mit Lawrence gleichsetze, sei *Brave New World* doch eher eine doppelte Zurückweisung der Lawrence'schen Philosophie (John *und* Reservat).[33]

Fazit: Die meisten Versuche, John als „life-worshipper" oder als Lawrence-Figur zu interpretieren, zielen darauf ab, in *Brave New World* selbst eine positive Gegenposition zu verankern. Da diese Ansätze, vom Gesamtwerk herkommend, etwas in den Roman hineinprojizieren, was tatsächlich dort bei unvoreingenommener Lektüre nicht zu finden ist, verwickeln sie sich, je mehr sie sich auf den Text einlassen, in Widersprüche, die sich, wenn auch noch versucht wird, Huxleys Vorwort miteinzubeziehen („to choose between insanity on the one hand and lunacy on the other"), bis zu einem offensichtlichen, totalen Bruch in der Argumentation steigern können.[34] Die vorher erwähnten Lawrence-unabhängigen Vertreter der *Noble Savage*-These argumentieren mit gleichem Ziel, doch weniger textextern – und verstricken sich so nur noch früher als ihre Kollegen in die oben erwähnten Widersprüche zum Text. Gemeinsam ist all diesen Ansätzen, die John zur positiven Kontrastfigur uminterpretieren wollen, der Zug zur verflachenden *Vereindeutigung des Romans* und das Bemühen, die persönliche Position Huxleys im Roman explizit dargelegt sehen zu wollen.

Dieses Bemühen kennzeichnet selbstverständlich ebenso jene Ansätze, die Huxley hinter Mustapha Mond vermuten, die die Brave New World also als Huxleys Wunschgesellschaft deuten. Zwar sind solche Versuche immer wieder als absurde Fehleinschätzungen zurückgewiesen worden, wie z. B. von Chad Walsh:

> I have heard an occasional college student say he wished he could live in Aldous Huxley's *Brave New World,* and I do not doubt the sincerity of his desire. The student's comment proves not that Mr. Huxley was writing a utopia [and not a dystopia, CB] but rather that the student was

---

[31] H. T. Webster: Aldous Huxley – Notes on a Moral Evolution. In: South Atlantic Quarterly, 45 (July, 1946), S. 372–383, hier S. 377, 379.

[32] Meckier: Our Ford, S. 42/43.

[33] Meckier: Satire and Structure, S. 81, 112; Firchow: Satirist and Novelist, S. 139, 142; Bowering: Major Novels, S. 105; Clyde Adolph Enroth: The Movement toward Mysticism in the Novels of Aldoux Huxley. Ann Arbor 1956, S. 174/175, 185/186, 302/303.

[34] So in der Dissertation von Jacob Vinocur: Themes and Variations.

> an imperceptive reader. Anyone skimming through *Brave New World* with a bare minimum of literary acumen will know after twenty pages that the author loathes this idiotically happy world of feelies, Malthusian belts and prenatal happiness-engineering. *Brave New World* is not a utopia but a dystopia. Always, a writer's intention is what counts. It is up to the reader to read between the lines and discern that intention.[35]

Doch der Fall liegt etwas komplizierter, selbst wenn man, wie der Durchschnittsleser und bedauerlich viele Experten, nicht weiß, wie sehr manche Ideen Huxleys in *Proper Studies,* nur fünf Jahre vor *Brave New World,* denen des „World Controllers" ähneln.[36] Von Anfang an war umstritten, was denn die Haltung des Autors zu seiner Zukunftsgesellschaft sei. Die beklemmende Atmosphäre vieler Passagen, die deprimierende Grundtendenz und das ausweglose Ende des Romans konnten als Zeugnis echter Besorgnis verstanden werden[37]; *Brave New World* wurde aber auch als „thin little joke" und „essay in indignation" verrissen[38], wenn sich der Rezensent nicht überhaupt weigerte, näher auf ein solch unwichtiges Buch einzugehen.[39] Die einen sahen in *Brave New World* das Werk eines großen Moralisten und religiösen Menschen (Rebecca West: „the most serious religious book written for some years"[40]), der sich, auf seine Art, gegen die Mächte der Finsternis stemmte: „For example, I have heard a Catholic priest say, speaking of *Brave New World* – ‚Aldous Huxley? He is on the side of the Angels by now. We know that.'"[41] Die anderen zählten Huxley weiterhin unbeirrt zu den „witty, brillant and fashionable bankrupts" (G. K. Chesterton)[42]; Huxley *spiele* nur mit dem Schrecken, schrieb V. S. Pritchett 1944 und attestierte dem Roman „deep inhumanity", auch sein Autor sei „in the final count [not] humane"[43].

---

35 From Utopia to Nightmare, S. 25/26.

36 Eine löbliche Ausnahme während der ersten Rezeptions-Jahrzehnte (deutscher Sprachraum) stellt Suzanne Heintz-Friedrichs Arbeit Aldous Huxley. Entwicklung seiner Metaphysik, Bern 1948, dar.

37 Vgl. die anonyme Rezension in: Times Literary Supplement (4 Feb., 1932), S. 73.

38 Vgl. die anonyme Rezension „A Lost World" in: New Statesman & Nation, 3 [new series] (6 Feb., 1932), S. 172, 174.

39 So J. E. S. Arrowsmith im London Mercury, 25 (March 1932), S. 492–494.

40 In: Critical Heritage. Hrsg. von Watt, S. 197.

41 Henderson: Huxley, S. 165.

42 Zitiert nach M. M. Kirkwood: The Thought of Aldous Huxley. In: University of Toronto Quarterly, 6 (January 1937), S. 189–198, hier S. 189.

43 Pritchett: Books in General, S. 259.

Hier ist eine deutliche Trennungslinie zu erkennen: Während die einen den moralisch-politischen Standort Huxleys im Roman implizit angegeben sehen, so daß für sie gar kein Zweifel an der positiven, warnenden Botschaft besteht, halten die anderen ihm sein angebliches „not-attachment“, „detachment“, seine „aloofness“, seinen „aestheticism“ vor, um dann zu folgern: „[...] *Brave New World* represents a strange mixture of desire and revulsion on the part of its author“[44]. Zwar hatte Huxley in der Überarbeitung der Manuskripte versucht, die Satire zu verschärfen und damit seine Ablehnung der Brave New World-Gesellschaft zu verdeutlichen – doch seine überaus gelungene Gestaltung der „debate“ mit der stringenten Argumentation Monds mußte dem entgegenwirken: Je erfolgreicher Huxley den Aufbau des Paradoxes bewerkstelligte, desto eher konnten Zweifel an seiner eigenen Haltung aufkommen. Gerade der „complete lack of moral indignation“[45] und die romanimmanent notwendige Überzeugungkraft Monds rückten Huxley selbst ins Zwielicht. Die Eloquenz seiner Figur wurde dem Autor zum Vorwurf gemacht, sein Witz und seine intellektuelle Wendigkeit taten ein übriges, kehrten sich gegen ihn: „In fact it all seems so jolly that some readers have concluded that Huxley approved of his horrible creation.“[46] So schreibt beispielsweise auch Charles Mason Holmes in seiner Dissertation von 1959: „Huxley effaces himself in *Brave New World* and enjoys his world immensely. [...] Huxley [...] is amused by the fate of mankind. [...] In spite of the soundness of his predictions, and the element of sincerity in his story of ‚insanity on the one hand and lunacy on the other‘, Huxley is continually entertained by the world he is creating.“[47]

Diejenigen Interpretationen, die Huxley ein „non-commitment“ oder gar eine Billigung der Brave New World-Gesellschaft unterstellen, basieren also – um das klärend zusammenzufassen – auf drei Elementen:

1. Huxleys lockerem, geistreich-witzigem Stil und seiner Freude an intellektuellen Spielereien – manche Kritiker vermissen hier eine klare Distanzierung;

---

[44] Rudolf B. Schmerl: The two future Worlds of Aldous Huxley, S. 330; vgl. ders.: Aldous Huxley's Social Criticism. In: Chicago Review, 13 (Winter/Spring 1959), S. 37–58.

[45] Thody: Huxley, S. 49.

[46] John Hawley Roberts: Huxley and Lawrence, S. 551.

[47] The Novels of Aldous Huxley. University of Columbia 1959. Vorspann (ohne Seitenangabe), S. 75, 162.

2. der Tatsache, „[that] there are things to be said for this society“[48], und dem geschickten Aufbau der Mustapha Mond-Position durch Huxley – was ihm wohl so überzeugend gelang, weil
3. er bestimmte Ideen dieser Konzeption – z. B. hierarchischer Gesellschaftsaufbau, intellektuelle Aristokratie usw.[49] – „at one time or another“ selbst teilte.
Diese Elemente sind unstreitig vorhanden – aber (vgl. Kapitel IV) als Teile eines Systems ambiger Werteverteilung; werden sie aus ihm gelöst und als die *ganze* Wahrheit verkauft, wird der Roman wiederum auf Kosten seiner Komplexität vereindeutigt. Wer immer *Brave New World* als Huxleys Wunschtraum, Mond als Huxleys *alter ego* begreift und dies am ganzen Text belegen will, wird sich früher oder später in unauflösbare Widersprüche verstricken, auch wenn ihm das selbst nicht immer bewußt sein mag.
Berthold Thiels Arbeit *Aldous Huxleys ,Brave New World'*[50] ist ein gutes Beispiel dafür. Wenn Thiel auch zugute zu halten ist, daß er überzeugend nachweist, warum John kein tragischer Held ist und wie von Huxley andernorts befürwortete Ideen im Gesellschaftsaufbau der Brave New World verwirklicht sind, so ist seine These, Huxley betreibe in *Brave New World* „exzessivste Wunscherfüllung“, der utopische Staat entspreche in nahezu jeder Hinsicht seinen Vorstellungen (60), nicht durchzuhalten. Wie kann „die fiktive Wunscherfüllung *Brave New World*“ (91), die „keineswegs ein aus Angst geborener Alptraum, sondern vielmehr eine summarische Erfüllung zahlreicher Wünsche des Autors [ist]“ (243), eine Welt, deren „scheinbare[s] ,Grauen‘ [. . .] [er] keineswegs völlig ablehnt“ (160), *zugleich* eine „ausgesprochene bissige Satire“ auf die Vorstellungen von Wells und Shaw sein (92)? Wie kann man anfangs erklären, „daß *Brave New World* eigentlich keine ,Warnung zur Umkehr‘ *sein will*“ (44), daß „die schlechte Gegenwart nicht etwa durch konsequente Überzeichnung ihrer Mißstände satirischer Kritik unterzogen [wird]“ (243), um dann zu schließen: „Der gesamte Roman, ein einziger kräftiger Schock, will ,wachrütteln‘, den zeittypischen, wenngleich wohl durch den Ersten Weltkrieg schon empfindlich gedämpften Fortschrittsoptimismus zu Fall bringen“ (245)?

[48] Arvin R. Wells: Huxley, Plato and the just Society. In: The Centennial Review, 24 (1980), S. 475–491, hier S. 483.
[49] Vgl. Henderson: Huxley, S. 194–198.
[50] Amsterdam, 1980. Die folgenden Seitenangaben beziehen sich auf diesen Titel.

Solche Widersprüche entstehen unweigerlich, wenn man versucht, das Unmögliche zu beweisen; und sie verschärfen sich noch, wenn sie wegerklärt werden sollen: Mustapha Mond, „hinter welchem sich unschwer Huxley selbst ausmachen läßt" (59), „obwohl es sicherlich naiv wäre, zu behaupten, daß Mond Huxley ‚ist'" (179/180), belügt einfach die Studenten in seinem Vortrag (179), und sieht man von den „Solidarity Services" ab, so „herrscht durchaus" – die Rede ist tatsächlich noch von Aldous Huxleys *Brave New World* – „Unzufriedenheit vor" (235/236). Nach Thiel – bei dem Huxley übrigens nicht nur Atheist (89, 161), sondern auch „meist humorlos" ist (204) – ist auch die Konditionierung in der *Brave New World* nicht sonderlich erfolgreich, bleibt oberflächlich: Eine „echte Veränderung der menschlichen Natur" sei nicht gelungen (219) – alles also halb so schlimm. Was kein anderer sehen wollte, Thiel spricht es aus: „Breiten Raum und sehr viel Mühe widmet *Brave New World* dem Nachweis der Konstanz des Humanen" (224). So kann es nicht verwundern, daß er auch mahnt, Huxleys Vorwort von 1946 stets skeptisch zu betrachten (77, ähnlich 48). Zwar erkennt er in *Brave New World* den „universalen Konsumstaat" (63), doch „wie sehr sich Huxley auch um Motivation bemüht, Stabilität bleibt im Grunde ein Selbstzweck" (38), ein überzeugendes Motiv dafür fehle (180) – als ob Huxley all seine Erläuterungen umsonst geschrieben hätte.
Dieses extreme Beispiel, das sicherlich eine umfassendere Kritik verdient hätte, zeigt zweierlei: 1. In dem Maße, wie man Huxley mit Mond identifiziert, muß man den gegenwarts-satirischen Charakter von *Brave New World* verleugnen oder ihn unerklärt und widersprüchlich stehenlassen. 2. Verleugnet man das in *Brave New World* bewußt aufgebaute Paradox zweier gleich abschreckender Optionen mit in sich ambiger Werteverteilung, so stellen sich in solcher, auf Eindeutigkeit zielender Rezeption notwendigerweise unverarbeitete und unverstandene Paradoxa ein – der Stoff selbst sträubt sich: Mond lügt, die Utopier sind unzufrieden, und das alles ist Huxleys Wunschtraum, gar nicht so negativ. Die vom Kritiker nur beschworene, doch nicht erklärte Komplexität des Textes manifestiert sich hinter seinem Rücken als Widersprüchlichkeit und Absurdität in seiner Kritik.

Eine perfide Komplizenschaft Huxleys mit den ‚World Controllers' seiner Fiktiv-Welt vermuten auch manche Kritiker, die sich selbst wohl als links und fortschrittlich empfinden. Eine solche Einschätzung des Autors wie seines Buches beruht jedoch nicht unbedingt auf einer detaillierten Analyse des Werkes, sondern ist oft Ergebnis einer deduktiven Vorentscheidung: Seit der Sozialismus durch Marx und Engels von der Utopie zur Wissenschaft geworden sei, so argumentieren einige, sei die literarische Utopie weitgehend funktionslos geworden – was die Zukunft bringe, könne man den theoretischen Werken des historischen Materialismus entnehmen. Solcherart für obsolet erklärt, fristet die Gattung der Utopie nach Ansicht dieser Kritiker ein kurioses Schattendasein: Zwar werden trotz allem noch Utopien geschrieben, aber diese haben „allen Boden unter den Füßen [verloren]"[51], sind auch eigentlich überflüssig, es sei denn, sie illustrierten anschaulich, was der Marxismus theoretisch erkannt hat.[52]

Es ist unmittelbar einsehbar, daß ein solch apodiktischer Ansatz nicht gerade zu einer besonders differenzierten Beschäftigung mit den einzelnen Utopien führt. Da nun einmal die Geschichte der Menschheit in *Brave New World* einen so ganz anderen Gang genommen hat als historisch-materialistisch prognostiziert, ist es z. B. für A. L. Morton ganz klar, daß in Huxleys Utopie die Idee des Humanismus angegriffen wird.[53] Ohne sich lange bei Feinheiten aufzuhalten, ist für Morton die Utopie nach Huxley bloß ein Beleg dafür, daß die Bourgeoisie der Zukunft nur noch mit Verzweiflung ins Auge sehen könne[54]; verwirklichte Utopie sei dagegen der sowjetische Fünfjahresplan.[55]

Diese eher mechanische Zuordnung eines Autors zu einer untergehenden Klasse (womit der Fall dann für erledigt erklärt wird) hat allein den Vorteil, daß der Kritiker sich manche Mühe und lästige Detailanalyse sparen kann, weil sein Urteil schon vorher feststeht.

---

[51] Werner Krauss: Geist und Widergeist der Utopien. In: Science Fiction. Theorie und Geschichte. Hrsg. von Eike Barmeyer, S. 23–47, hier S. 37, vgl. S. 46/47; vgl. Neusüss (Hrsg.): Begriff und Phänomen des Utopischen, S. 20/21.

[52] Arthur Leslie Morton: Die englische Utopia. Berlin 1958, S. 185 ff.

[53] Morton: Utopia, S. 274.

[54] Morton: Utopia, S. 278.

[55] Morton: Utopia, S. 292.

Dialektisch ist dieses Verfahren nicht, weil nicht einmal ansatzweise versucht wird, die immanente Widersprüchlichkeit eines literarischen Textes konkret aufzuweisen. Der pauschale Bezug zwischen (positiven) Utopien und aufsteigenden sozialen Klassen oder Schichten ist zwar auch in der bürgerlichen Soziologie eines Karl Mannheim ein Gemeinplatz (wobei es nicht um *literarische* Utopien geht, sondern um jede Form utopischen Denkens – im Gegensatz zur Ideologie –, das die Veränderung des Bestehenden vorwegnimmt und „Anweisung zum Handeln" ist)[56]; doch solche Zuordnung sollte den Weg zur weiterführenden Analyse eröffnen, nicht ihn verstellen.

Geschieht dies doch, wie z. B. in F. K. Schecks Beitrag „Augenschein und Zukunft"[57], so wirkt das Resultat wie eine üble Persiflage auf vulgär-marxistische Pflichtübungen. Wer die Utopie dem vorimperialistischen Kapitalismus zuordnet, die Anti-Utopie dem Imperialismus, Samyatin, Orwell und Huxley dem Kleinbürgertum, hat zwar eine schöne Ordnung – aber nichts verstanden vom Buchstaben und Geist materialistischer Literaturanalyse. Wenn noch dazu behauptet wird, „im dialektisch-materialistischen Sinne ergibt sich der Rang eines Werkes aus seiner Stellungnahme zugunsten der progressiven Produktivkräfte, zum Nachteil der restriktiven Produktionsverhältnisse, die aber aufscheint als Stellungnahme zu den zugehörigen politischen Anstrengungen"[58], wird unübertrefflich klar, welch engen und ängstlichen Begriff der Autor von materialistischer Ästhetik hat. *Wir, 1984* und *Brave New World* in einem Topf als „kleinbürgerliche Antiutopien", in denen „Wahnideen" demonstriert werden, gar Huxley als Kleinbürger – hier ist ein analytischer Begriff offensichtlich zur Denunziationsvokabel verkommen.[59] Die Literaten beziehen die Prügel stellvertretend für Horkheimer und Adorno, die sich unterstanden haben, die manipulative Einbindung des revolutionären Subjekts Proletariat in die bestehende Gesellschaft zu problematisieren.[60] Die literarische Darstellung dieses Problems wird den Autoren als Defaitismus ausgelegt (ähnlich erstaunlicherweise sogar bei Bloch, der von Huxleys „Hoffnungsmord" spricht).[61] Wie beruhigend für den Autor, daß er, mit un-

[56] Vgl. Karl Mannheim: Ideologie und Utopie ([2]1929). Frankfurt/Main [6]1978, S. 36, vgl. S. 53, 169, 172, 178, 181.

[57] In: Science Fiction. Hrsg. von Barmeyer, S. 259–275.

[58] Scheck: Augenschein, S. 262.

[59] Vgl. Scheck: Augenschein, S. 266–274.

[60] Vgl. Scheck: Augenschein, S. 269 ff.

[61] Prinzip Hoffnung, Bd. 1, S. 511.

erschütterlicher Gewißheit, die Geschichte auf seiner Seite sieht, gegen diese Kleinbürger: „Die Antiutopie stemmt sich gegen einen Geschichtsprozeß, gegen eine unwiderstehliche Strömung, die die Klasse ihrer Urheber schließlich vernichten wird.“[62] Selten wurde es Nicht-Marxisten leichter gemacht, den ganzen Ansatz als einfach nicht ernstzunehmenden abzuqualifizieren.

Daß der Aufsatz von Scheck aber kein Einzelfall ist, belegt, z. B. das 10. Kapitel in Pehlke/Lingfelds *Roboter und Gartenlaube*[63] Zwar werden Samyatin, Bradbury (*Fahrenheit 451*) und Huxley erwähnt, aber „einzig der Roman des Renegaten Orwell“, befinden die Autoren, „ist ausführlicher Diskussion wert“,[64] nicht „Samyatins antibolschewistisches Machwerk“[65] oder Huxleys Roman, der „die Utopie [denunziert], dem Fatalismus das Wort [redet]“[66]. Schlimm, wenn man nicht einmal ein Renegat ist. Doch da die Analyse von *1984* – „antistalinistisch getarnt“, aber „stramm antikommunistisches Pamphlet“[67] – darauf hinausläuft, daß „die Gesellschaft von 1984 [. . .] Wunschtraum eines vage politisierten Literaten [ist], der irgendwelchen ‚dritten Wegen‘ nachträumt“,[68] darf man vielleicht erleichtert sein, daß Huxley solcher Analyse noch einmal entgangen ist.

Nun hatte der vage politisierte Literat Orwell selbst grundsätzliche Einwände gegen die Utopie seines kleinbürgerlichen Kollegen Huxley: Abgesehen davon, daß Orwell erwartete, die Diktaturen der Zukunft würden eher brutal und offen repressiv als sanft manipulierend vorgehen,[69] warf er Huxley mangelndes politisches Verständnis vor und daß seiner fiktiven Gesellschaft eine hinreichende Begründung fehle:

> At the same time no clear reason is given why society should be stratified in the elaborate way it is described. The aim is not economic exploitation, but the desire to bully and dominate does not seem to be a motive either. There is no power hunger, no sadism, no hardness of any kind.

---

[62] Scheck: Augenschein, S. 274.

[63] Michael Pehlke / Norbert Lingfeld: Roboter und Gartenlaube. Ideologie und Unterhaltung in der Science-Fiction-Literatur. München 1970.

[64] Pehlke/Lingeld: Roboter, S. 129.

[65] Pehlke/Lingfeld: Roboter, S. 128.

[65] Pehlke/Lingfeld: Roboter, S. 136.

[67] Pehlke/Lingfeld: Roboter, S. 130.

[68] Pehlke/Lingfeld: Roboter, S. 136.

[69] Vgl. Orwell: Collected Essays, Bd. 2, S. 32/33, 172; vgl. Huxleys Brief an Orwell in: Smith (Hrsg.): Letters. Letter No. 572 (21 Oct., 1949).

> Those at the top have no strong motive for staying at the top, and though everyone is happy in a vacuous way, life has become so pointless that it is difficult to believe that such a society could endure.[70]

Diese Argumentation Orwells geht auf oberflächliche Lektüre zurück. Denn obwohl auch andere Kritiker behauptet haben, Huxley berücksichtige die ökonomischen und andere soziale Faktoren seiner Zukunftsgesellschaft nicht[71], die Machtfrage („who conditions the conditioners?")[72] werde ausgespart, wird doch im Roman eine, sicher erstaunlich häufig überlesene, ökonomische Begründung der Plan-Gesellschaft gegeben („mass production demanded the shift") – eine Begründung, die m. E. etwas überzeugender ausfällt als Orwells obskurer, letztlich unerklärter „will to dominate", den er seiner Gesellschaft von *1984* zugrunde legt. Huxleys Entwurf scheint mir auch insofern „politischer", als sein fiktives System nicht auf der Psyche der Machthaber basiert, sondern eine sich selbst regulierende, selbst reproduzierende Machtstruktur ist: Mustapha Mond ist, so gesehen, eine bloße „Charaktermaske" (Marx) – das System würde auch ohne ihn weiterlaufen.[73]

Fundamentale linke Einwände gegen *Brave New World* hatte auch John Strachey (*The Coming Struggle for Power*, New York ³1933), der Huxleys literarische Fähigkeiten und kosmopolitische Bildung hoch schätzte – es sei nur recht, befand er, daß gerade Huxley die Aufgabe übernommen habe, die Endzeit des britischen Kapitalismus zu beschreiben. Strachey hakt mit seiner Kritik bei der Eigentumsfrage der Brave New World ein und vermutet vorschnell, in dieser Gesellschaft solle es wohl kein Privateigentum an Produktionsmitteln mehr geben, um dann zu folgern, in einem solchen Wirtschaftssystem mache „compulsory consumption" aber keinen Sinn, weil das Einkommen der herrschenden Klasse ja nicht mehr vom Profit abhinge. Huxley habe also, so Strachey, einen Einzelaspekt der kapitalistischen Wirtschaftsweise (Massenkonsum) verabsolutiert, ohne Rücksicht auf die Systemlogik. Dieser sinnvolle Einwand wäre m. E. unter dem Aspekt der *Verfügungsgewalt* über Produktionsmittel neu zu überprüfen (vgl. S. 70) – doch hier ist Huxley unstreitig nebulös. Andere Fragen und Kritikpunkte Stracheys – warum gibt es keine größere Automatisierung der Produktion in Brave New

[70] Orwell: Collected Essays, Bd. 4, S. 97.

[71] Vgl. Brown: Brave New World, 1984 and We, S. 40/41; Harwood: Review of Brave New World, S. 152.

[72] Calder, Huxley and Orwell, S. 35.

[73] Vgl. Kessler: Power and the perfect State, S. 575.

World? Huxley greift „science in general" an, nicht „science in the hands of a profit-making class" – werden vom Roman selbst beantwortet bzw. widerlegt, was wiederum zeigt, daß sich selbst einem scharfsichtigen Leser wie John Strachey das kapitalismus-kritische Potential dieser negativen Utopie nicht restlos erschlossen hat.
Eine letzte erwähnenswerte Gruppe von politischen Einwänden gegen die Tendenz de Huxley-Utopie geht über die simplen Vorwürfe hinaus, die wahren Massen seien ganz anders,[74] der morbide, masochistische, frustrierte, sich fürchtende, zynische oder gelangweilte Huxley[75] habe hier nur seine eigene Misere dramatisiert, *Brave New World* sei Ausdruck seiner Nostalgie, seiner Sehnsucht nach einer vermeintlich ganz anderen Vergangenheit.[76] Statt dessen wird *Brave New World* einfach mit den gesellschaftlichen Verhältnissen zu Anfang der dreißiger Jahre konfrontiert, mit Arbeitslosigkeit, Hunger, Verzweiflung, Kriegen:

> With war in Asia, bankruptcy in Europe and starvation everywhere, what do you suppose Aldous Huxley is now worrying about? [. . .] He is worrying about the unpleasantness of life in the utopia that, as he sees it, is just a century or two ahead. [. . .] A quotation in the front of *Brave New World* points out that utopias are almost inevitable and that a day will come when intellectuals will dream of ways of avoiding utopias and returning to a society less ‚perfect' but freer. The better way, the book shows, is here and now to nip the utopias in the bud. After all, Mr. Huxley must have his chance to suffer and be brave. Apparently we have been doing Mr. Huxley an injustice in thinking of him as a bored, cynical and generally rebellious young man. He is, on the contrary, quite well satisfied with life as it is. And why, when you stop to think of it, shouldn't he be? He has money, social position, talent, friends, prestige, and he is effectively insulated from the misery of the masses. Of course he demands the right to suffer bravely. Of course he wants something to worry about – even if he has to go a long, long way to find it.[77]

Dieses Paradox, daß Huxley in einer Zeit, in der Millionen von Menschen größten Leiden ausgesetzt waren, eine Utopie schrieb, in der die Abschaffung des Leidens als Bedrohung des Menschlichen

---

[74] So Henderson: Huxley, S. 110.

[75] Vgl. Charlotte Haldane: Dr. Huxley and Mr. Arnold. In: Nature, 129 (23 April, 1932), S. 597–598. Abgedruckt in: Critical Heritage. Hrsg. von Watt, S. 207–209; David Daiches: The Novels of Aldous Huxley; Hillegas: Future as Nightmare, S. 120.

[76] Howe in: Der Utopische Roman. Hrsg. von Villgradter/Krey, S. 348.

[77] Granville Hicks in: Critical Heritage. Hrsg. von Watt, S. 219/220.

präsentiert wird, sollte jedoch nicht den Blick verstellen auf den humanistischen Impetus hinter *Brave New World:* Was hier beschrieben ist, ist nur eine andere *Form* von Entmenschlichung und Erniedrigung, die in keinem *grundsätzlichen* Widerspruch zu dem anderen, offenen Elend steht, ja die sogar essentiell mit ihm verbunden ist – zwei Seiten einer Münze. Zwar stimmt es, daß die Schrekken der vierziger Jahre die Brave New World fast wie ein Paradies aussehen ließen,[78] und so verstanden kann man James Hall durchaus zustimmen, wenn er schreibt: „[Huxley's] satire remains a fairly comfortable view of catastrophe."[79] Doch auch der „sanfte" Totalitarismus des „consumerism", der industriellen Wachstumsdiktatur hat seine Opfer – *Brave New World* führt sie uns plastisch vor und schärft so den Blick für diese Wirklichkeit.

5. „Wir sind nicht gemeint" (Oder doch?)

Brave New World nimmt *unsere* Gesellschaft auf's Korn. Wie der positive meint auch der negative Utopist in erster Linie *sein* Land, seinen Kulturkreis, und indem er seiner Gegenwart den satirischen Zukunftsspiegel vorhält, kritisiert er ihre Entwicklungstendenzen auf unübersehbare Weise. In *Brave New World* sind solche gesellschaftlichen Tendenzen der zwanziger Jahre selektiert, linear projiziert und dadurch im Sinne des Autors bis zur Kenntlichkeit verdeutlicht.[80] Das Ergebnis ist eine entlarvende Karikatur der Gegenwart[81], ein satirischer Angriff auf das schlechte Bestehende[82], eben, wie Alexander Henderson emphatisch feststellte, im strengen Sinne kein Buch

---

[78] Vgl. Thody: Huxley, S. 90.

[79] The appeal to Grandfathers: Aldous Huxley. In ders.: The Tragic Comedians. Seven British Novelists. Bloomington 1963, S. 31–44, hier S. 44.

[80] Vgl. Seeber: Wandlungen der Form, S. 146; Schulte Herbrüggen: Utopie und Anti-Utopie, S. 140.

[81] Vgl. Woodcock: Dawn, S. 204; David Joseph Dooley: The Impact of Satire on Fiction. Studies in Norman Douglas, Sinclair Lewis, Aldous Huxley, Evelyn Waugh and George Orwell. Diss., State Univ. of Iowa 1955, S. 430.

[82] Vgl. Firchow: Satirist and Novelist, S. 119; ders.: The Satire of Huxley's Brave New World, S. 451.

über die Zukunft[83], sondern eine Abrechnung mit einer bestehenden, zutiefst menschenfeindlichen Wirtschafts- und Gesellschaftsordnung. So liegt die negative Utopie *Brave New World* auch nicht außerhalb der Entwicklungslinie des Huxley'schen Schaffens[84], sondern ist eine konsequente Fortsetzung seiner Gesellschaftskritik der zwanziger Jahre, allerdings mit verschärften Mitteln.

Sicher ist „la satire inquiétante de Huxley"[85] neben „umfassende[r] Kultur- und Gesellschaftskritik"[86] auch, in Maßen, Kritik eines bestimmten utopischen Denkens.[87] Doch jeder Versuch, die futuristischen Elemente des Romanes gegen seinen Gegenwartsbezug auszuspielen, die Bedeutung der schlicht anti-utopischen Teile auf Kosten der gegenwarts-satirischen zu betonen, baut einen Scheinwiderspruch auf: Huxley kritisiert in *Brave New World* utopisches Denken als Teil seines Gegenwartspanoramas; wenn er H. G. Wells attackiert, sind wir um nichts weniger gemeint. Die Einschätzung, Huxley neige wegen seiner Kritik am utopischen Denken (so sie denn überhaupt vorliegt) „zu einer Apologie des Bestehenden"[88], beruht auf einem eklatanten Mißverständnis: Die Kritik an gegenwärtigem utopischen Denken ist ja immer noch Kritik an einem Element der Gegenwart, gerade keine Apologie – und keine Regel der Logik verpflichtet den Anti-Utopisten, die bestehende Gesellschaft zu akzeptieren, nur weil er die Zukunftsentwürfe eines Zeitgenossen ablehnt. Noch so geschicktes Hantieren mit dem Begriff der Anti-Utopie kann nicht verdecken, daß die Zielscheibe immer noch unsere Verhältnisse sind.

Jenni Calder kommt gegen Ende ihrer Untersuchung von *Brave New World* zu dem Schluß, „The social structure of society [in *Brave New World*] is based entirely on production and comsumption. It is a logical extension of the capitalist consumer society that Huxley experienced in the 1920s."[89] An anderer Stelle bezieht sie noch den

---

[83] Henderson: Huxley, S. 87–90.

[84] So aber Clark: The Huxleys, S. 217.

[85] V. Dupont: L'utopie et le roman utopique dans la littérature Anglaise. Toulouse/Paris 1941, S. 705.

[86] Tuzinski in: Literatur – Kultur – Gesellschaft in England und Amerika. Aspekte und Forschungsbeiträge. Hrsg. von Gerhard Müller-Schwefe/ Konrad Tuzinski. Frankfurt/Main 1966, S. 281.

[87] Vgl. Schmerl: The two future worlds of Aldous Huxley, S. 331.

[88] So Erzgräber: Utopie und Antiutopie, S. 16. Seine Einschränkung, die auf *Island* verweist, hätte durchaus aus *Brave New World* selbst immanent entwickelt werden können.

[89] Calder: Huxley and Orwell, S. 54.

Aspekt der spezifischen Produktionsmittel mit ein: „*Brave New World* is presented as the logical development of a consumer and technology-orientated society, the means are scientific and the ends are self-perpetuation."[90] „Consumerism" ist aber nicht nur – metaphorisch – die Religion der Brave New World[91], ihre Ideologie; „consumerism" bezeichnet – außerhalb der gängigen soziologischen Begrifflichkeit – auch die charakteristische Eigenart ihrer objektiven, materiellen Grundlage[92]: Der erzwungene, nach erfolgreicher Konditionierung sogar „freiwillige" Konsum ist das *primum mobile* dieser Gesellschaft, alle anderen Sphären und Verfahren sind auf seine Dynamik orientiert.[93] Die extrem außengeleiteten Bürger dieser Gesellschaft haben deren idiotische, vorrationale Maximen unaufbrechbar verinnerlicht und *funktionieren* reibungslos, im eigentlichen Wortsinne: Denn sie existieren ausschließlich als *Funktionen* („In *Brave New World* people are means, not ends; their only real value is in their function."[94]), Funktionen der gesellschaftlichen Mega-Maschine, die allein noch autonom ist.[95] Die politische Botschaft des Buches ist somit klar und auch in einem großen Teil der Sekundärliteratur erkannt: Es ist wie *1984* eine Warnung vor einem Totalitarismus[96], doch vor dem „sanften" der „consumer society", die sich auf den durch Bewußtseinsverknappung und Warenschwemme künstlich herbeigeführten Konsensus ihrer Bürger berufen kann. *Brave New World* ist eine utopische Satire auf die Konsumseite der kapitalistischen Wirtschaftsordnung unserer Gegenwart: „*Brave New World,* however, stands as the finest single satire of the economic because of its literary merit, the fine irony, and the clear recognition of what it is that is non-utopian about the society described."[97]
Man muß *Brave New World* nicht erst zu den Schlußpassagen von *Jesting Pilate* und Huxleys einschlägigen Essays der zwanziger Jahre in Beziehung setzen (vgl. Kap. II), um zu erkennen, daß es die Vereinig-

---

90 Calder: Huxley and Orwell, S. 14.
91 Vgl. Meckier: Our Ford, S. 40.
92 Vgl. dazu Atkins: Huxley, S. 210–213.
93 Vgl. Schlüter: Aldous Huxley, S. 416; Kessler: Power and the perfect State, S. 571.
94 Calder: Huxley and Orwell, S. 23; vgl. Vinocur: Themes and Variations, S. 163.
95 So Lewis Mumford: Mythos der Maschine. Kultur, Technik und Macht. Frankfurt 1977, S. 593, mit direktem Bezug auf *Brave New World.*
96 Vgl. Calder: Huxley and Orwell, S. 59.
97 Glenn Negley / J. Max Patrick (Hrsg.): The Quest for Utopia. An Anthology of Imaginary Societies. New York 1952, S. 579.

ten Staaten von Amerika waren, die Huxley als Modell seiner Zukunftsgesellschaft dienten. Schon bei sorgfältiger Lektüre der Utopie selbst dürfte klar sein, „[that] Aldous Huxley's *Brave New World* [. . .] aims at satirising modern America"[98] – und damit die Entwicklungstendenzen aller kapitalistischen Industriegesellschaften (Huxley: „The future of America is the future of the world."). Doch in der Rezeption des Romanes sind immer wieder – bewußt? unbewußt? – Versuche unternommen worden, diesen hochpolitischen, kapitalismuskritischen Kern von *Brave New World* zu verdecken. „Wir sind nicht gemeint" ist der Tenor nicht nur jener Interpretationen, die, wie oben gezeigt, „die" Naturwissenschaften zur Zielscheibe von *Brave New World* erklären, oder die Brave New World-Gesellschaft als individuellen Wunschtraum oder Alptraum eines verunsicherten Intellektuellen abtun – „wir sind nicht gemeint" wird auch *ausdrücklich* vertreten, im Widerspruch zu Chad Walshs wohltuend klarer Feststellung: „This novel draws its inspiration and derives its nightmares not from the misdeeds of fascists or communists but from the popular culture of America."[99]
Der Interpretations-Typ „Betrifft uns nicht" hat eine kuriose Mischform als Vorstufe: Zwar werde in *Brave New World* die kapitalistische Gesellschaft kritisiert – aber die kommunistische/bolschewistische auch. So schreibt Henry Hazlitt in einer Besprechung von 1932: „Economically, the ideals that prevail are those usually associated with Henry Ford – mass production and particularly mass consumption. Everyone spends freely, and games and other pleasures that do not require the use of elaborate and expensive apparatus are frowned upon. The social organization is communistic [. . .]."[100] Als Begründung dieser These wird allein die Rolle der Planung in der Brave New World-Gesellschaft angegeben. Auch Rebecca West sieht einerseits die USA angegriffen („Much of it is actual in America.")[101], doch Bewußtseinsmanipulation, Zerstörung des individuellen Denkens werde genauso von den Bolschewisten betrieben: „[*Brave New World* is] equally a denunciation of Capitalism and Communism so far as they discourage man from thinking freely . . ."[102] Ähnlich argumen-

---

[98] Berneri: Journey Through Utopia, S. 313; ebenso Broich: Gattungen, S. 109; Goetsch (Hrsg.): Englische Literatur und Politik, S. 41.
[99] From Utopia to Nightmare, S. 92.
[100] In: Critical Heritage. Hrsg. von Watt, S. 215.
[101] In: Critical Heritage. Hrsg. von Watt, S. 199.
[102] In: Critical Heritage. Hrsg. von Watt, S. 202.

tiert auch Northrop Frye[103], während andere Kritiker noch einen Schritt weiter gehen und den „normalen" Kapitalismus ganz aus der Schußlinie nehmen, indem sie *Brave New World* als Kritik an Faschismus und Kommunismus hinstellen[104], also als recht unspezifische Totalitarismuskritik.[105]

Daß – höchste Stufe der Verdrehung – *Brave New World* „tatsächlich zuerst und vor allem eine anti-bolschewistische bzw. antikommunistische Satire" sei[106], ist allein von faschistischen Autoren behauptet worden. So sieht Wilhelm Poschmann, der Huxley zuvor bescheinigt hatte, er anerkenne „die Bedeutung von Blut und Boden als Kräfte der Volkswerdung" und nähere sich der „Grundidee des autoritär geführten totalen Staates", in *Brave New World* „eine Kritik an der Theorie des Kommunismus und der ihm zugrunde liegenden Idee von der Möglichkeit eines allgemeinen glücklichen und vor allem kampf- und leidlosen Lebens hier auf Erden"[107]. Diese Vereinnahmung Huxleys für den Faschismus mag absurd sein – schwer fiel sie nicht. Huxleys zahlreiche anti-semitischen Einlassungen in anderen Schriften konnten triumphierend vorgezeigt werden; bei seiner „Kritik an Demokratismus, Marxismus und Bolschewismus" mußte nur die nicht minder harte am Faschismus unterschlagen werden[108], um aus Huxley einen fast linientreuen Kronzeugen für die faschistische Diktatur zu machen.

In einer anderen Untersuchung aus der Zeit des „Dritten Reiches" wird die Gesellschaft der Brave New World ebenfalls als kommunistische identifiziert, doch Huxley, dem hier Sympathien für die Kommunisten nachgesagt werden, wird nun dafür gescholten. Zwar sei, so der Autor Reinald Hoops, *Brave New World* eine Satire – aber eben (Huxley als Linker) „seine eigene Satire"[109]. Es versteht sich beinahe von selbst, daß sowohl in Hoops' Aufsatz wie auch in Poschmanns Dissertation die Gesellschaft von Brave New World unbegriffen bleibt („die obersten Grundsätze dieser Welt [. . .] sind

---

[103] In: Utopias und Utopian Thought. Hrsg. von Frank E. Manuel. Boston 1967, S. 43.

[104] Vgl. Paul Gannon: Monarch Notes, S. 14.

[105] Vgl. Reichert, Utopie und Staatsroman, S. 264.

[106] Wilhelm Poschmann: Das kritische Weltbild bei Aldous Huxley. Diss., Düsseldorf 1937, S. 75.

[107] Poschmann: Weltbild, S. 45, 74.

[108] Poschmann: Weltbild, S. 39/40, 42–48.

[109] Reinald Hoops: Die Weltanschauung Aldous Huxleys. In: Englische Studien, 72 (1937/38), S. 73–92, hier S. 88–90.

[. . .] Selbstzweck")[110], und romanfremde Inhalte in ihn projiziert werden (John als „moralischer Übermensch").[111] Der Instrumentalisierung Huxleys für den Faschismus waren aber, trotz des geschickten Vorgehens Poschmanns, gewisse Grenzen gesetzt, hatte man doch schon in der „Systemzeit" (= Weimarer Republik) Huxleys „Kulturjammer", seine „Zersetzung" angegriffen.[112] Als (vermutlich selbst dekadente) Satire einer dekadenten amerikanischen Kultur mochte man *Brave New World* noch durchgehen lassen – doch das Positive, die „neuen, blutvolleren Ideale", das „Bekenntnis zum Voll- und Tatmenschen"[113] vermißte man dann doch, und außerdem, dies findet sich durchgehend in der deutschen Anglistik der dreißiger, aber auch noch bis in die frühen sechziger Jahre hinein, sei solche Literatur eben „typisch englisch" (dazu unten mehr); man empörte sich darüber, daß der Übersetzer von *Brave New World* sich unterstanden habe, die Handlung der Utopie nach Deutschland zu transponieren.[114] Eine systematische Indienstnahme Huxleys durch die Nationalsozialisten hat es also nicht gegeben.

Anti-kommunistische Deutungen wurden aber auch noch nach 1945 verbreitet. Jost Hermand schreibt dazu, leider ohne nähere Belege, „Selbst Huxleys *Brave New World* wurde in diesen [fünfziger] Jahren von vielen als antitotalitäres und damit antikommunistisches Werk gelesen"[115]. Das extremste Beispiel für solche Etikettierung ist sicherlich der Begleitkommentar der Illustrierten *Life* zu Huxleys Artikel „Brave New World", einem der kapitalismuskritischsten Artikel, die Huxley jemals geschrieben hat. *Life* beschreibt rückblickend für seine Leser die Gesellschaft von *Brave New World* als „motivated by much the same set of beliefs as Communism"[116]. Doch immer wieder sperrt sich der Text – viel stärker als der von *1984* – gegen solche Vereinnahmung, bricht das Kritische durch. So beklagt E. W. Eschmann in seinem merkwürdigen Aufsatz von 1962, Huxley sei zu sehr in seine Untergangsphantasien verliebt, er berücksichtige nicht den glor-

---

[110] Hoops: Weltanschauung, S. 88.

[111] Poschmann: Weltbild, S. 86.

[112] Bernard Fehr: Die englische Literatur der Gegenwart und die Kulturfragen unserer Zeit. Leipzig 1930, S. 68, 70.

[113] Wolfgang Simon: Die englische Utopie im Lichte der Entwicklungslehre. Breslau 1937, S. 70–72, 86, 89.

[114] Poschmann: Weltbild, S. 75.

[115] Orte. Irgendwo. Formen utopischen Denkens. Kronberg/Ts. 1981, S. 138.

[116] Life, 25 (20 Sept., 1948), S. 64.

reichen Kampf des Westens gegen den Totalitarismus. Überhaupt lägen die wirklichen Gefahren in der Ausnutzung der „ethischen und moralischen Triebe des Menschen“, wogegen man wohl nur einen „intelligenten, durchdachten Egoismus“ setzen könne.[117] Als Gospel des „free enterprise“ war *Brave New World* eben doch nicht zu gebrauchen, wenn schon der Jesuit Heinrich Bacht bei Durchsicht der modernen negativen Utopien feststellen mußte: „Es ist auch nicht so, als ob die Gefahr nur vom Osten her drohe.“[118]

Die Rezeption von *Brave New World* in der Bundesrepublik Deutschland der fünfziger Jahre zeichnet sich, soweit sie von der akademischen Kritik getragen wurde, durch eine auffallende Ausblendung, eine Art blinden Fleck aus. In kaum einer Darstellung dieser Zeit wird *Brave New World* als radikale Kritik der westlichen Konsum- und Industriegesellschaft kapitalistischer Prägung begriffen. Indem man *Brave New World* z. B. als Kritik „der“ Naturwissenschaften präsentierte, als Warnung vor „dem“ Totalitarismus (so allgemein), als (noch allgemeinere) Klage über die Vermassung des Menschen, den Untergang des Individuums, vermied man es tunlichst, auf Huxleys *ökonomische* Fundierung der Gesellschaft von Brave New World zu sprechen zu kommen – eine ökonomische Begründung, die im Roman alles andere nach sich zieht. Indem dieser nun wirklich grundlegende Aspekt ausgeblendet oder vernachlässigt wurde, umging man auch die ausführliche Erörterung der peinlichen Ähnlichkeiten zwischen der bundesdeutschen Wirtschaftswundergesellschaft der fünfziger Jahre und der Konsumdiktatur von *Brave New World.* Die Ausblendung der kapitalismuskritischen Seite von *Brave New World* ist also *symptomatisch:* In selektiver Lektüre wurden gerade jene Aspekte der Utopie verleugnet, die die größte Ähnlichkeit mit der bestehenden, gegenwärtigen Gesellschaft aufwiesen. „Wir sind nicht gemeint“ (oder kaum, oder andere auch) wurde zum unausgesprochenen Leitsatz einer *Brave New World*-Rezeption, die sich beharrlich weigerte, die radikale Kritik des Romanes zu ihrer eigenen Sache zu machen.

Ein Volk, dessen „Unfähigkeit zu trauern“ (Mitscherlich) sich nicht nur (negativ) in Verdrängung und mangelnder Bewältigung der Vergangenheit manifestierte, sondern auch (positiv) in einer auffälligen Orientierung auf materielle Werte, auf Produktion (Wiederauf-

---

[117] Zukunft – wieder besichtigt, S. 980, 982.

[118] Heinrich Bacht (SJ): Die Selbstzerstörung des Menschen im Spiegel des modernen Zukunftsromans. In: Stimmen der Zeit, 153 (1953/54), S. 10–24, hier S. 23.

bau) und Konsum (Wirtschaftswunder), konnte selbst nicht das Schaffen und Konsumieren als Flucht und Ersatz begreifen. Der Spruch dieser Jahre, „Wir sind wieder wer“, bezog sich allein auf materiellen Wohlstand und einen hohen Lebensstandard, natürlich nicht auf eine innere Erneuerung oder gar Ansätze einer politisch-moralischen Rehabilitierung praktischer, tätiger Art. Der Zusammenhang dieser beiden Punkte – verdrängte Schuld einerseits, der Stolz auf „Leistung“ und den Wiederaufbau andererseits – wird nicht nur in jenem Ausspruch eines westdeutschen Spitzenpolitikers deutlich, nach dem ein Volk, das so einen Wiederaufbau geleistet hat, auch verdient habe, nicht mehr mit Auschwitz belästigt zu werden. Wo der Konsum nicht nur eine ökonomische, sondern auch eine psychologische Funktion hat, wo ein Wirtschaftssystem als Sozialtypus den ich-schwachen, außengeleiteten Haben-Menschen beständig reproduziert, *kann* die fiktionale Kritik und Anklage einer eben solchen Gesellschaft nicht auf fruchtbaren Boden fallen. Das Ergebnis ist dann – vorbereitet durch die akademische Kritik, doch vieltausendmal verstärkt durch Schulen und Feuilletons und verankert im „allgemeinen“ Bewußtsein – die Meinung, *Brave New World* sei eben alles andere – Science Fiction, Naturwissenschaftsschelte, individueller Alptraum/Wunschtraum, Totalitarismus-Kritik usw. –, nur keine *Kritik unserer Gesellschaft.* Solche ausblendende Rezeption wiederholt im Umgang mit einem Buch, das als gesellschaftskritischer, gegenwartsbezogener Spiegel verstanden sein will, unisono die abschmetternde, stereotype Reaktion der Brave New World-Bürger: „But everybody's happy now.“ Eben.

Stellvertretend für solche ausblendende, verzerrende, die radikale Gesellschaftskritik abschwächende *Brave New World*-Rezeption der fünfziger und frühen sechziger Jahre seien hier die Schriften von Ludwig Borinski näher betrachtet, der sich zwischen 1958 und 1966 dreimal, in verschiedenen Zusammenhängen, mit Huxleys Utopie auseinandersetzte, wobei zumindest sein Beitrag im Beiheft Nr. 2 der *Neueren Sprachen* von 1958 direkt in den schulisch-pädagogischen Bereich hineingewirkt haben dürfte.[119] Borinski behandelt dort *Brave New World* („eine im Tone gutmütiger Ironie gehaltene Groteskutopie“, 1958, 5) vor dem Hintergrund der englischen Utopien-Geschichte nach 1900. Das utopische Denken des frühen 20. Jahrhunderts, das er im Zusammenhang mit Impressionismus, Kubis-

[119] Ludwig Borinski / Gerd Krause: Die Utopie in der modernen Englischen Literatur. Frankfurt/Berlin/Bonn 1958 (= Die Neueren Sprachen NF, Beiheft 2).

mus, Expressionismus und Surrealismus sieht, hat nach Borinski zwei Wurzeln, einmal in einem gewissen „Erlahmen der geistigen Energie“, dann in der „Entpersönlichung des Menschen“, der „Heraufkunft des Massenmenschen“ (1958, 7). Für Borinski sind nun die Utopien, die meistens von „typischen Halbgebildeten“ verfaßt werden (1958, 11), nicht protestierende Reaktion auf diese Wirklichkeit, sondern sie tragen Mitschuld an der Misere, ist doch die Krise des 20. Jahrhunderts vor allem eine geistige: „[...] seit 1930 ist das Leben in allen Ländern proletarisiert. Das hat nichts mit Verarmung zu tun, es gilt gerade für die reichsten Länder wie Amerika; es hat das eben rein geistige Ursachen, der Geisteszustand der Menschen drängt zu einer proletarischen Lebenshaltung“ (1958, 13). Pauschalierend unterschiebt Borinski allen Utopien Menschenfeindlichkeit („Allen Utopien ist [...] auch gemeinsam das Ende aller Freiheit und Mißachtung der Heiligkeit des Lebens. [...] Letztlich handelt es sich bei den Utopien des 20. Jahrhunderts um die Abschaffung des Menschen als solchen“, 1958, 8), die um so gerissener daherkommt, als sie ein positives Menschenbild hat: „Die utopischen Systeme ignorieren denn auch allesamt das Böse im Menschen und sind entsprechend [!] Gegner der Religion“ (1958, 9).
Obwohl Borinski fälschlich behauptet, bei Huxley werde wie bei Wells „die Frage der Wirtschaftsverfassung nicht berücksichtigt“ (1958, 14), skizziert er doch recht genau das System des konditionierten „consumerism“ und die bio-chemisch determinierte Arbeitsteilung (1958, 14–16). Doch dann wird dieser Einsicht die Schärfe genommen, indem die *Brave New World*-Problematik zu einer angelsächsischen Angelegenheit erklärt wird: „Hier greift Huxley eine andere wissenschaftliche Mode der heutigen *angelsächsischen* Welt auf, die Pawlowsche Lehre von den künstlich veränderten Reflexen. [...] *Brave New World* verleugnet ebensowenig wie Wells und die anderen Utopisten die *englische* Tradition. [...] Wie ich schon bei Gelegenheit von Wells sagte, erklärt sich die große Rolle dieser Dinge in *England* aus der *englischen* Abneigung gegen Gewalt. [...] Huxley hat hier wieder mit gewohntem Scharfblick einen wesentlichen Zug der heutigen *angelsächsischen* Welt erfaßt [...]“ (1958, 16/17). Gleiches gilt übrigens für *1984*:

> *Englisch*, wenn auch in karikierter Verzerrung, mutet an dieser Utopie die oligarchische Struktur an, die wir ja auch aus dem Kastensystem von *Brave New World* kennen. Spezifisch *englisch* und ein sehr bezeichnender Unterschied von den kontinentalen Diktaturen ist es auch, daß sich Terror und Disziplin auf die herrschenden Klassen beschränken, während man die Klasse der Proles zugleich vernachlässigt und in

völliger Freiheit läßt. Es ist das eine Karikatur der Existenz der *englischen* Massen im 18. und 19. Jahrhundert. *Englisch* ist auch die Anonymität der oligarchischen Herrschaft. (1958, 19; sämtliche Hervorhebungen CB)

Borinski hat also, um diesen ersten Aufsatz zusammenzufassen, aus vier Gründen ein sehr distanziertes Verhältnis zu *Brave New World:* 1. Utopien (inklusive Schreck- und Groteskutopien) sind für ihn Teil der Dekadenz des 20. Jahrhunderts, mitverantwortlich für den allgemeinen Kulturverfall. 2. Er unterstellt auch den negativen Utopisten eine kaum verhohlene Komplizenschaft mit den Herrschern ihrer fiktiven Zukunftswelten – das geht hin bis zu völlig aus der Luft gegriffenen, nachweislich falschen Behauptungen wie: „Er [Huxley] hat sogar in einem Nachwort von 1946 *Brave New World* ausdrücklich *empfohlen,* gewiß als notwendiges Übel, aber doch als geringeres Übel gegenüber den Terrorsystemen der Diktaturen" (1958, 17; Hervorhebung Borinski). 3. Indem er das „typisch Englische" der positiven wie negativen Utopie stark hervorhebt, weist er ein direktes Betroffensein der Kontinentaleuropäer zurück. 4. Borinski weigert sich, sich auf das Gedankenspiel von *Brave New World* überhaupt einzulassen: „Orwell sieht also, was Huxley in *Brave New World* noch verkannt hatte, daß sich die Utopie aus Mangel an moralischen Kräften selbst zerstören muß" (1958, 20/21). Fazit: Eine angelsächsische Schreckutopie, selbst Zeichen der Dekadenz, Menschenfeindlichkeit und Immoralität, verbreitet – da sie nicht funktionieren *kann* – gar nicht mehr sonderlich großen Schrecken. Die Utopie ist entschärft. Daß ihr einerseits bescheinigt wird, sie reflektiere objektive Verfallstendenzen unseres Jahrhunderts, ihr aber andererseits vorgehalten wird, sie könne *so* nie eintreten, ist ein eklatanter Widerspruch, der wohl in jeder abwiegelnden Rezeption unvermeidlich ist – ein Widerspruch wohlgemerkt, der nicht im Text, sondern im Rezipienten wurzelt.
Borinskis Auslassungen über die Utopie im erwähnten Beiheft der *Neueren Sprachen* werden nur teilweise aufgefangen oder konterkariert durch Gerd Krauses Beitrag im selben Heft (1958, 25–44). Mit erfreulicher Klarheit skizziert Krause zunächst das ökonomische System der Brave New World, den Zusammenhang von industrieller Massenproduktion, konditioniertem Massenkonsum und systematischer Bewußtseinsmanipulation, um dann unversehens Huxley vorzuhalten, daß in seiner Utopie der Unternehmer zu schlecht wegkomme:

> So weit erscheint der platte Nützlichkeitsstandpunkt rein ökonomischen Denkens als Grundübel aufgezeigt. Wollte Huxley ihn als alleinige Triebfeder des modernen Wirtschaftslebens, namentlich auch des amerikanischen, in Anschlag bringen, so wäre seine Deutung einseitig. Neben dem Gewinninteresse beruht die Dynamik vielfach auf dem starken Drang der Wirtschaftsführer zur Tat, mag er nun von der elementaren Freude am Schaffen oder – bei den Nachkommen der Puritaner – von der säkularisierten Hochschätzung der Arbeit bedingt sein. Von diesem Aktivitätswillen verlautet bei Huxley allerdings nichts. (1958, 32)

Unter der Hand wird *Brave New World* danach wieder zu einer Kritik allgemeiner „Vermassungstendenzen" (die keinem wehtut), John Savage, mit Shakespeare als Ideal, zur positiven Kontrastfigur, deren Selbstmord entsprechend verklärt wird (1958, 33).
In seinem Standardwerk *Meister des modernen englischen Romans*[120] hat Ludwig Borinski sich ein zweites Mal mit *Brave New World* beschäftigt, diesmal im Zusammenhang mit dem Huxley'schen Gesamtwerk (1963, 229–248). Borinski macht hier schon zu Anfang klar, daß er von Huxley als Autor nicht viel hält: „Aldous Huxley [. . .] ist der künstlerisch schwächste unter den irgendwie bedeutenden Namen des 20. Jahrhunderts. [. . .] Er ist der Dekadent der englischen geistigen Tradition, und ein Dekadent, der auf seine Dekadenz stolz ist, damit deutlich kokettiert, sich bewußt auf Dekadenz stilisiert. Wir wissen ja, wie sehr er schon rein blutsmäßig durch Tradition belastet ist" (1963, 229). Huxleys Werk sei voll seichter Sexualität, er selbst ein „Fachmann" für Pornographie (1963, 231). Dabei wird nicht klar, warum Borinski Huxley eine „Freude am Unanständigen" (1963, 235) und die Phantasie eines Public School Boy (1963, 235) vorwirft, wenn er doch andererseits Huxleys schlimmste Phantasien schon längst verwirklicht sieht: „[. . .] die ‚Community Sings', d. h. sexuellen Massenorgien von Tausenden in Brave New World sind die Zustände in den heutigen [!] Londoner Parks, die damals 1932 [!?] während der großen Wirtschaftskrise tatsächlich diese Ausmaße erreicht hatten" (1963, 246). Bei Borinski wird *Brave New World* – „Huxleys Meisterstück, ja seine einzig wirklich gelungene Leistung" (1963, 239) – wieder vereindeutigt, indem John, dessen Kindheit im Reservat ihn zu „frühzeitiger seelischer Reife" geführt haben soll (1963, 240), zum positiven Helden des Romans wird, Shakespeare wieder zur Norm: „In tatsächlich sehr eindrucksvoller Weise wird deutlich, wie die Kenntnis Shakespeares eine volle Geistesbildung

---

[120] Heidelberg 1963.

bedeutet, mit der man alle Erscheinungen der Welt, selbst diese künstlichen Zukunftswelt, versteht und wenn nötig auf ihre Nichtig keit durchschaut" (1963, 240). Genau das wollte Huxley *nicht* ze gen.

Auch diesmal fehlt „das typisch Angelsächsische" nicht: Zwa ähnelte *Brave New World* Samyatins *Wir,* doch die Qualität de literarischen Darstellung sei unvergleichlich größer – „So etwa können nur die Engländer" (1963, 246). Und weiter: „Schließlich d Methoden der modernen Propaganda. Es wird nichts befohlen, all nur insinuiert, wie das eine alte Tradition *Englands* mit seinen Mißtrauen gegen die staatliche Autorität ist. [...] So etwas gibt es i den *angelsächsischen* Ländern tatsächlich. [...] Uralte Methoden d *angelsächsischen* Welt finden hier ihre utopische Erfüllung" (196 247; alle Hervorhebungen CB). Diese Form der Erledigung durc Etikettierung erfüllt offenbar neben der oben erwähnten entschä fenden, distanzierenden Funktion auch noch eine andere Aufgab Das massive Auftreten dieser Floskeln („typisch englisch", „typisc angelsächsisch", „*die* Engländer") in der deutschen Anglistik b hinein in die sechziger Jahre scheint mir symptomatisch für ein unterschwellige Xenophobie – die *Komplexität* des Fremden beunru higt und ängstigt, wird dann durch Rastererfassung so weit *reduzier* daß man sich schließlich erleichtert gegenseitig versichern kann „Ach ja, diese Engländer, typisch."

Ludwig Borinskis Beschäftigung mit *Brave New World* ist insofern ein Juwel der westdeutschen Rezeptionsgeschichte der Utopie, als hier verschiedene Verfahren der Distanzierung und Verzerrung, wie sie in diesem Teil V des vorliegenden Bandes idealtypisch rekonstruiert wurden, miteinander kombiniert sind: Der Reiz der Phänomene (Sex), John als positive Kontrastfigur, aber auch – unaufgehobener Widerspruch in der Rezeption – Huxley als Monds Komplize, sowie eine besonders penetrante Variante der „Wir sind nicht gemeint"-Haltung – all dies hat zwei Ziele: 1. Der Roman selbst wird *vereindeutigt,* aber immer in solch einer Richtung, daß 2. seine Kritik *entschärft* wird, seine Zielscheibe in fremden Ländern steht.

Auch in Borinskis „Wells, Huxley und die Utopie" (1966)[121] setzt sich diese Linie fort. Wieder wird das utopische Denken im Zusammenhang mit der „Reformsucht" um 1900 gesehen: „Das Bedürfnis nach totalitärer Umgestaltung tatsächlich aller Lebensbereiche machte vor nichts halt und ergriff das Letzte und Nebensächlichste.

---

[121] In: Literatur – Kultur – Gesellschaft. Hrsg. von Müller-Schwefe/ Tuzinski. Frankfurt 1966.

[. . .] Zur Lebensreform gehörte [. . .] auch die Abschaffung des normalen Essens. [. . .] Die Reformer verboten buchstäblich das normale Atmen. [. . .] Alles das drängte mit unheimlicher Logik zu einer letzten Konsequenz: der Abschaffung des Menschen als solchen" (1966, 257/258). Die Absurdität des Utopismus zeigt sich nach Borinski vollends daran, daß die Probleme der „neuen Industriegesellschaft" schon im 19. Jahrhundert alle durch Reformen gelöst worden seien (1966, 259). Der fortbestehende utopische Reformwille entpuppt sich so als gegenstandslose Verbohrtheit, individuell-dekadente Marotte: „Er ist das Produkt einer geistigen Entwicklung, und zwar, wie sofort betont werden muß, eines geistigen Verfalls" (1966, 259). Der Utopismus ist wieder *Teil* dieses Verfalls, weil er, wie die Tyrannei, alle moralischen Bindungen ablehnt. Letztlich ist so der Utopismus nach Borinski auch für den Ausbruch des Zweiten Weltkriegs mitverantwortlich: „Und der Zweite Weltkrieg wäre leicht zu vermeiden gewesen; daß er überhaupt ausbrach, ist schon wieder eine Folge des Endes aller moralischen Hemmungen und aller verstandesmäßigen Besinnung. Der Krieg im Stil des 20. Jahrhunderts ist also mehr eine Folge als ein Grund des Utopismus" (1966, 261).
Aber die „biologische und pädagogische Utopie" war als Mittel der Propaganda auch eine „Waffe der englischen Politik" (1966, 263) – wie ihr angebliches Gegenstück, die Schreckutopie: Wieder wird das Märchen aufgetischt, „Huxley [habe sich] sogar einmal ausdrücklich zu *Brave New World* bekannt" (1966, 272). Obwohl Huxley also manches kritisiert, was auch Borinski geißelt, entgeht er doch nicht dessen Verdikt, wird als Komplize Monds entlarvt: „Warum spricht Huxley von dem allen [den Manipulationsverfahren]? Weil er immer noch in den Utopismus schillert. Er kritisiert ihn, macht aber zugleich versteckt für ihn Propaganda, immer noch im Dienst der gleichen politischen Absichten, für die Wells schrieb" (1966, 275). So gelesen – als angelsächsische Propagandaschrift – kann *Brave New World* den deutschen Leser kaum schrecken, Borinski beruhigt: „Hier ist zu warnen. Zunächst: Das ganze System der indirekten Manipulation ist nichts Neues – was man also 1932 zum erstenmal ahnte und seitdem entwickelt hat. Es ist in England uralt, schon um 1400 nachzuweisen und im 16. Jahrhundert buchstäblich in allen heutigen Formen fertig [!]. Es ist das Spezifikum der englischen Kultur [. . .]" (1966, 274/275). Obwohl dies aber „uralt" ist, kann es als System doch seltsamerweise nie funktionieren:

Dieses Überflüssigmachen von Moral und Religion durch die Veränderung der Gewohnheiten, so daß die Menschen „das gern tun, was sie müssen", wie man in *Brave New World* sagt, ist geradezu der Grundgedanke des Werkes, und er ist falsch. Huxley hält ein derartiges System jedenfalls für möglich, mag es auch noch so wenig anziehend sein. Aber eine Welt ohne moralische Kräfte ist nicht möglich. Die höheren Anlagen des Menschen sind nicht nur ein liebenswürdiges Ornament des Daseins, welches das Leben bereichert und intensiviert, sie sind zur Erhaltung der Existenz notwendig. (1966, 273).

Borinski wiederholt hier, so scheint mir, wenn er sich auf dieser Ebene mit *Brave New World* auseinandersetzt, den Fehler jenes Mannes, der das Auto mit dem Hinweis ablehnte: „Interessante Konstruktion, aber es wird niemals das Pferd ersetzen."
Dieser Grundzug – die Weigerung, sich auf den Roman einzulassen, seine Logik nachzuvollziehen, in die gesamte Gedankenwelt seines Autors einzutauchen – ist, wie die Rezeptionsgeschichte von *Brave New World* zur Genüge zeigt, leider kein Einzelfall. Während manche Fehlinterpretationen des Buches auf eine Überbetonung des Werkzusammenhanges zurückgehen (z. B. John Savage = „life worshipper", John Savage = D. H. Lawrence), gründen doch die meisten auf Unkenntnis und mangelnder Berücksichtigung des Huxley'schen Gesamtwerkes, sowohl seiner kulturkritischen Romane und Essays der zwanziger Jahre wie auch der zunehmend konstruktiven, eher didaktischen Schriften der Folgejahrzehnte. Die fehlende Einordnung führt zu falschen Akzentsetzungen, die aber wiederum einer eigenen Logik gehorchen, der Logik, wie wiederholt skizziert wurde, der *Vereindeutigung und Entschärfung,* was nur deshalb kein Widerspruch ist, weil es sich *in keinem Falle* um eine *Vereindeutigung und Akzentuierung der Gesellschaftskritik* von *Brave New World* handelt, sondern um eine Vereindeutigung der angeblich romanimmanenten Alternative. An Radikalität übertrifft *Brave New World* immer noch bei weitem die Auslassungen seiner akademischen Rezipienten. Doch wie könnte sich auch einer die radikale Gesellschaftskritik dieser negativen Utopie zu eigen machen, der, wie Borinski, seine Analyse des Werkes mit folgenden Gedanken enden läßt:

Der Zweite Weltkrieg hat so viele ungelöste Fragen hinterlassen, daß wir heute schon den dritten Weltkrieg hinter uns hätten – sofern wir dann noch lebten –, wenn es nicht die Wasserstoffbombe gäbe. Schon die konventionelle Atombombe allein hätte das nicht geschafft. Aber die Wasserstoffbombe – das macht doch Eindruck, und man vermeidet den Krieg. [...] Der Massenmensch ist heute eine Tatsache, nicht wegen

> Bevölkerungsvermehrung, sondern weil wir in einem geistig unschöpferischen Zeitalter leben, wo die höheren Anlagen schwach sind. Dagegen kann man nicht viel machen [. . .] Unter solchen Umständen ist eine gewisse Manipulation unentbehrlich. Was Huxley in seinem Werk über die heutigen Methoden der Wahlmache und überhaupt der normalen politischen Propaganda der üblichen Massenmedien sagt [*Brave New World Revisited,* CB] ist nun einmal unser Schicksal. Hier ist Kritik kaum berechtigt. Abzulehnen sind nur die extremeren, eben utopischen Methoden, die zudem nie ihren Zweck erreichen, sondern nur Unheil stiften. (1966, 276/277)

Es braucht eben doch ein *Mindestmaß* an Geistesverwandtschaft, einen gewissen Boden für Rezeption.

6. *Der kritische Impuls – was bleibt?*

Zu Recht ist wiederholt davor gewarnt worden, die Beschäftigung mit *Brave New World* auf die Beantwortung der Frage zu beschränken, welche „Vorhersagen" Huxleys denn wohl bis heute eingetroffen seien. So schrieb John Wain 1955: „*Brave New World* is a criticism of Western society in 1932, as *1984* is of the same society in the closing months of the Second World War; any discussion of such books that sets out to assess their plausibility as *predictions* seems to me hopeless off-centre."[122] Wenn Wain sich auch inkonsequenterweise selbst nicht dieser Einsicht entsprechend verhalten hat, so dürfte doch aus der gesamten Diskussion dieses Teils V des vorliegenden Bandes hervorgegangen sein, daß die Konzentration auf den Prophetiegehalt der Utopie eine verhängnisvolle Verengung der Perspektive nach sich zieht: All die Fragen, die danach erst gar nicht mehr an den Text gestellt werden, wird er selbstverständlich auch nicht beantworten. Das Ergebnis ist in jedem Fall eine Fortsetzung der schon weit verbreiteten oberflächlich-phänomenalen Rezeption, für die *Brave New World* der „babies-in-bottles"-Roman ist, kaum mehr als ein flottes Etikett (vgl. z. B. Martin Ebons unsägliches populärwissenschaftliches Buch *An der Schwelle zur Schönen Neuen Welt: Der Mensch aus der Retorte,* München 1982).

[122] In Evelyn Waugh u. a.: A Critical Symposium on Aldous Huxley. In: London Magazine, 2 (Aug. 1955), S. 51–64, hier S. 60/61; vgl. May: Huxley, S. 116; Schmerl: Two future Worlds, S. 328.

Auf ärgerliche Weise oberflächlich bleiben aber auch jene Interpretationen, die – ebenfalls dem Prophetiegehalt auf der Spur – *Brave New World* mit einer anderen negativen Utopie vergleichen, vorzugsweise mit *1984.*[123] Solch ein Vergleich mag reizvoll sein – vor allem bei der Behandlung im Schulunterricht –, verführt jedoch in der Regel zur rein kontrastiven Auflistung von Phänomenen, die die jeweilige Systemlogik eher verdecken.

Viel zu kurz gekommen ist in der bisherigen Rezeption des Romanes – auch in diesem Band, weil vieles andere erst ausgeräumt werden mußte – die Diskussion des *literarisch-formalen* Wertes von *Brave New World,* die Frage etwa, wie Aufbau, Handlung und Gattungsform gemeistert sind. Gute Ansätze dazu finden sich z. B. bei Henderson und May, auch in der durchweg erfreulichen neueren Studie von C. S. Ferns (s. kommentierte Bibliographie), der in klarer Weise zeigt, wieso *Brave New World,* entgegen der Einschätzung vieler Literaturwissenschaftler und Literaturkritiker, den sonst höher eingestuften Huxley-Romanen *Point Counter Point* und *Eyeless in Gaza* auch in literar-ästhetischer, nicht nur in kommerzieller Hinsicht überlegen ist. Diese stiefmütterliche Behandlung der eher formalen Fragen ist natürlich kein Zufall, sondern ergibt sich aus dem polit-philosophischen, gesellschaftskritischen Charakter der Utopie allgemein, der eine Diskussion des Textes auf einer eher gesellschaftsbezogenen, inhaltskritischen Ebene nahelegt.

Daß aber die Auseinandersetzung mit *Brave New World* auf dieser Ebene selbst dann nicht unbedingt problemfrei, spannungslos und ohne Brüche vonstatten gehen muß, wenn zwischen Autor und Rezipienten eine größere Übereinstimmung in inhaltlichen Fragen besteht als sie im exemplarischen Fall der Borinski-Artikel vorlag, belegt eine kritische *Brave New World*-Analyse, die auf ihre Art nicht weniger prägend und typisch für einen bestimmten, anderen Teil der westdeutschen Huxley-Rezeption gewesen ist: Es handelt sich um Theodor W. Adornos Aufsatz „Aldous Huxley und die Utopie", der 1942 geschrieben und in erweiterter Fassung 1951 und 1955 gedruckt wurde.[124]

---

[123] So G. C. LeRoy: A. F. 632 to 1984. In: College English, 12 (Dec. 1950), S. 135–138; J. H. J. Westlake: Aldous Huxley's Brave New World and George Orwell's 1984: A Comparative Study. In: Die Neueren Sprachen, 21 (1972), S. 94–102.

[124] Ich zitiere nach dem leicht zugänglichen Taschenbuch Theodor W. Adorno: Zur Dialektik des Engagements. Aufsätze zur Literatur des 20. Jahrhunderts II. Frankfurt 1973. Die Seitenangaben im Text dieses

Adorno begreift *Brave New World* als panische Reaktion eines Intellektuellen auf die umfassende Warengesellschaft des amerikanischen Kapitalismus, in der die Menschen ihre Individualität verloren haben, selbst zu Waren geworden sind: „Ihm [Huxley] wird das Verkaufslächeln der Modelle zu dem was es ist, dem verzerrten Grinsen des Opfers" (153). Mit klarem Blick identifiziert Adorno das Gesellschaftssystem, das Huxley meinte:

> Der Nachdruck liegt dabei weniger auf gegenständlich-technischen und institutionellen Elementen als auf dem, was aus den Menschen werde, die Not nicht mehr kennen. Die ökonomisch-politische Sphäre als solche tritt dem Gewicht nach zurück. Ausgemacht nur, daß es sich um ein durchrationalisiertes Klassensystem planetarischen Maßstabs, um lückenlos geplanten Staatskapitalismus handelt; daß der totalen Kollektivierung totale Herrschaft entspricht; daß Geldwirtschaft und Profitmotiv fortdauern. (154)

Adorno liest *Brave New World* auch als eine auf jeden Trost, jeden leichten Ausweg verzichtende Kapitalismus-Kritik, wenn er hervorhebt, daß sich in der Gesellschaft von *Brave New World* die Menschen nicht mehr in dialektischer Auseinandersetzung mit ihrer Gesellschaft befinden, sondern – als Opfer – ganz in ihr aufgehen, wobei Huxleys bio-chemische Verewigung der Klassengesellschaft als Kritik an der „von der triumphalen Massenkultur" bewerkstelligten „Reproduktion der Dummheit" verstanden wird (155) und als fiktionaler Nachweis der *Willkürlichkeit* einer Klassengesellschaft, die nicht natürlich, sondern *gemacht ist* (156/157). Huxleys Kulturkritik findet auch noch Adornos Gefallen, wenn es um so fein beobachtete Erscheinungen wie den Abstieg der Konversation zum „Gewäsch" oder die mit Bedacht gewählte „Autoreligion" der Brave New World geht (156–159). Das ändert sich aber bei Huxleys Darstellung der Sexualität. Adorno konstatiert, mit einigem Recht, „Ungeschieden sind bei ihm Freigabe und Erniedrigung des Geschlechts", und „Seine Empörung über das falsche Glück opfert mit diesem auch die Idee des wahren" (159/160). In *Brave New World* trage die Sexualität immer noch die Zügel des Institutionellen; „Reine Fungibilität" – „daß jeder jedem gehört", auch außerhalb des Bereiches der Sexualität – könne es in keiner totalitären Ordnung geben, sie zersetze, so Adorno, „den Kern von Herrschaft und verspräche die Freiheit"

Abschnitts beziehen sich auf diese Ausgabe. Der Aufsatz ist außerdem in Adornos Prismen (Frankfurt 1955) abgedruckt und in dem schon erwähnten Sammelband von Villgradter/Krey (Hrsg.): Der utopische Roman. Darmstadt 1973.

(161/162). Doch noch in seiner Kritik an Huxley versteckt Adorno Lob: „Es ist die Schwäche der gesamten Konzeption Huxleys, daß sie zwar alle ihre Begriffe rücksichtslos dynamisiert, zugleich jedoch ängstlich vorm Übergang in ihr eigenes Gegenteil behütet" (162). Tatsächlich hält Adorno noch an der *Möglichkeit* einer befreienden Wirkung von Sexualität fest, die Huxley in diesem Roman schon aufgegeben hat, weil es ihm dort allein um die *sozial-stabilisierende Funktion* einer sexuellen Schein-Revolution ging – ein Problem, das ja auch Adorno gesehen hat. Aber diese Kritik ist wieder symptomatisch: Adorno glaubt, er habe etwas klarer erkannt als Huxley und rechnet ihm etwas vor, um das es gar nicht geht, oder, an anderer Stelle, was von Huxley sehr wohl auch erkannt worden ist: So ist z. B. Adornos Versuch, Freud vor Huxley zu retten (160), im Grunde überflüssig, weil Huxley ja Freuds Lehre im John-Savage-Strang der Utopie durchaus bejahend einsetzt. Adorno glaubt auch offenbar, er könne John Savage als positiven Helden demontieren, indem er ihn – zu Recht – als durch Freud zu erklärenden Neurotiker hinstellt (163). Nur: das hatte der Autor schon selbst besorgt, Huxley „war schon da".

Ernster zu nehmen ist aber Adornos zentraler Vorwurf, Huxley mache geschichtliche Begriffsoppositionen zu ontologischen, ewigen. Huxleys Gegensätze von Geist und Materie, von Glück und Bewußtsein, von geistigen und materiellen Bedürfnissen verdoppelten nur eine gesellschaftlich bedingte, historische und damit ablösbare Trennung, die allein im falschen Bewußtsein der Epoche existiere – kurz, Huxley baue einen Scheinwiderspruch auf: „Huxley setzt der Sphäre der Bedürfnisbefriedigung korrektiv eine andere entgegen, die jener verdächtig ähnlich sieht, welche das Bürgertum die höhere zu nennen pflegt" (167).

An diesem Angelpunkt von Adornos Aufsatz wird ein Paradox deutlich: Adorno tritt von vornherein mit dem Anspruch auf, all das, was Huxley nur oberflächlich, phänomenal erfaßt, analytisch tiefdringend auf den wahren gesellschaftlichen Kern zurückzuführen. Adorno glaubt sich in diesem Sinne radikaler als Huxley. Doch an dieser Stelle zeigt sich, daß Huxleys „Oberflächlichkeit" und „Scheingegensätze" ihn zu weit deprimierenden Ergebnissen führen als Adorno jemals zu akzeptieren bereit wäre. So versucht Adorno, gegen Huxleys Hoffnungslosigkeit und Ausweglosigkeit einen Fortschrittsoptimismus über die Runden zu retten, den Huxley längst, mit guten Argumenten, *ad acta* gelegt hat. Während also bei Huxley recht klar und einsehbar ist, wie die manipulative Einbindung des revolutionären Subjekts ins System funktioniert, ist bei

Adorno überhaupt nicht zu sehen, woraus er eigentlich seine Hoffnung schöpft. *Irgendwie* sollen der objektive Verlauf der Geschichte und die Entwicklung der Produktivkräfte diesen Umschlag bewerkstelligen: „Wenn die Produktion unbedingt, schrankenlos zugleich auf die Befriedigung der Bedürfnisse, auch und gerade der vom bislang herrschenden System produzierten, umgestellt wird, werden sich eben damit die Bedürfnisse selbst entscheidend verändern. Die Undurchdringlichkeit von echtem und falschem Bedürfnis gehört wesentlich zur *gegenwärtigen* Phase" (167, Hervorhebung CB). Es ist schon merkwürdig, Adorno, der in anderen Schriften immer wieder die schier ausweglose Totalität des spätkapitalistischen Systems beschrieben hat, in diesem Aufsatz gegenüber Huxley die Rolle des unverzagten Optimisten spielen zu sehen, der dem bürgerlichen Kritiker versichert, es werde eben alles nicht so schlimm kommen: „Einmal wird sich rasch genug zeigen, daß die Menschen den Schund, den die Kulturindustrie, und die jämmerliche Erstklassigkeit, die ihnen die handfestere liefert, nicht brauchen. [...] Unvorstellbar, daß der Zwang zur Bedürfnisbefriedigung in einer veränderten Gesellschaft als Fessel fortwirkte" (168). Adornos Glaube (denn rational begründet ist seine Position hier nicht) an eine fundamentale Revolutionierung des Systems hat hier etwas Verzweifeltes, und indem er an einem materiell definierten Fortschritts- und Wachstumsbegriff festhält, auch der zentralen Bedeutung der Befriedigung *materieller* Bedürfnisse, erweist er sich als der von ihm so radikal kritisierten Gesellschaft weit mehr verhaftet als der „bürgerliche" Huxley, dessen Bedürfnisbegriff mir in der Tat viel stärker „dynamisiert" scheint als der Adornos, weil er in der neuen Qualität der Möglichkeit totaler Befriedigung materieller Bedürfnisse auch das bedrohliche Element erkennt, das Adorno verleugnet.

Da Adorno sich also an die Hoffnung auf ein befreiendes Moment klammert (dessen Herkunft aber im Dunkeln bleibt), und er zudem die Figur John offenbar immer noch als „Huxley's choice" begreift, kann er dem Autor leicht Fatalismus und „das reaktionäre Fazit des Romans" vorwerfen (171, 173). Huxleys Alternative – „Man habe sich zu entscheiden zwischen der Barbarei des Glücks und der Kultur als dem objektiv höheren Zustand, der Unglück in sich einbegreift" (171) – weist er zurück („Das Entweder – Oder ist falsch", 172) und wiederholt seinen Vorwurf, Huxley durchschaue nicht den Warenfetischismus als falsches Bewußtsein des Menschen von sich und seinen Verhältnissen: „Statt dessen hetzt er unanalysierte Fassadenphänomene aufeinander nach Art des ‚Konflikts zwischen Mensch und Maschine'." Wie wenig dieses Argument, auf dem letztlich die ganze Zurückweisung der Roman-These fußt, eigentlich trifft, muß Adorno selbst bewußt gewesen sein, als er formulierte: „Wessen er die Technik bezichtigt, das liegt nicht, wie er es den romantischen Philistern glaubt, in ihrem eigenen Sinne, der Abschaffung der Arbeit, sondern folgt, *wie es übrigens im Roman durchschimmert,* aus ihrer Verfilzung mit den gesellschaftlichen Verhältnissen der Produktion" (172, Hervorhebung CB). Adornos Kritik an *Brave New World* findet keinen rechten Hebelpunkt. Den abstrakten Hinweis, Huxley habe einen Scheinwiderspruch aufgebaut, der sich historisch schon lösen werde, kann man akzeptieren – oder, wegen mangelnder Konkretion, auch nicht. Das nachgeschobene Argument, Huxley huldige einem „unreflektierten Individualismus" (174/175), und der aus dem Munde eines noch mit orthodoxmarxistischen Begriffen operierenden Sozialkritikers seltsam klingende höhnische Nachschlag, Huxleys Zukunftsvision sei kurzsichtig gewesen, er habe in *Ape and Essence* „nachbessern" müssen (175/176), scheint eher für Adornos Beunruhigung zu sprechen. Zudem macht es stutzig, daß Adorno sich zwar auf *Ape and Essence* (1948) bezieht, aber Huxleys Vorwort von 1946 und auch *Ends and Means* (1937) stillschweigend übergeht. Beides hätte nicht in das Bild gepaßt, das Adorno in seinem Aufsatz von Huxley gezeichnet hat, und er hätte einräumen müssen, daß Huxley seine absichtlich paradoxe Scheinalternative von 1932 in den Folgejahren selbst wesentlich konkreter und überzeugender aufgelöst hat (vgl. Kapitel IV, 7) als Adorno mit seinen Pauschalverweisen auf die Dynamik der Geschichte. Adornos einflußreicher, doch nicht immer vollständig verstandener Aufsatz[125] scheint mir alles in allem ein unbefriedigender Versuch, die Radikalität der Gesellschaftskritik von *Brave New World* als Resultat einer Panik vor unbegriffenen gesellschaftlichen Phänomenen zu entlarven, als ein nur teilweise gelungener Versuch, diese Kritik *analytisch* zu übertreffen. Zwar kann Adorno erklären, warum ein Schriftsteller wie Huxley zu jener Zeit ein solches Buch schreibt, doch in seiner Zurückweisung der Gedanken Huxleys stellt sich Adorno als der Kurzsichtigere von beiden heraus: Erst später wird er sich, wie sein Kollege Marcuse, dem Funktionieren jener scheinbar ausweglosen, nicht mehr dialektisch sich selbst aufhebenden gesellschaftlichen Totalität zuwenden, die der „Individualist" Huxley nur fiktiv, und sicher partiell, skizziert hatte: Huxleys kritischer Impuls wurde von Adorno – noch im Geschichts-

---

[125] Vgl. dazu die recht herbe Kritik von Berthold Thiel in seiner Dissertation: Aldous Huxleys Brave New World, S. 305.

optimismus verfangen – zwar erkannt, doch nicht aufgenommen. Adornos „radikalere“ Kritik ist, im Nachhinein betrachtet, die konservativere, die gemäßigtere.

Als *Brave New World* 1932 erschien, fiel die Reaktion der Kritiker, wie oben referiert, recht unterschiedlich aus: Überschwenglichem Lob auf der einen Seite stand herbe Kritik am „Verrat“ oder der vermeintlich amüsiert-distanzierten Haltung des Autors gegenüber.[126] Kommerziell war die Utopie zumindest in England ein Erfolg: Im ersten Jahr nach der Veröffentlichung wurden 13 000 Exemplare verkauft, im Jahr darauf noch einmal 10 000. Doch in den USA wurde das Buch eher kühl aufgenommen. Huxley schrieb einer amerikanischen Freundin: „I gather that it's been rather badly received by the critics on your side. Which is a pity from the business point of view. In England, surprisingly, they have chirped up most laudatorily and the book is selling hard.“[127] Tatsächlich konnten in Amerika im Jahr des Erscheinens nur 15 000 Exemplare abgesetzt werden – enttäuschend, bedenkt man den großen Markt und Huxleys Popularität durch *Point Counter Point* –, in den folgenden fünf Jahren relativ magere 18 000.[128] Sybille Bedford spricht in ihrer Biographie gar von kaum glaublichen 3 000 verkauften Exemplaren, wobei allerdings der Zeitraum recht unklar bleibt.[129] Behinderungen des Verkaufs wie das offizielle Verbot des Romanes in Australien (aus Gründen der Obszönität) scheint Huxley eher gleichmütig hingenommen zu haben: Als *Brave New World* nach fünf Jahren endlich freigegeben wurde (1937), bemerkte er lakonisch: „It certainly has given the book an immense amount of gratuitous advertising.“[130]
Brave New World hatte jedoch auch in England und im Vergleich mit anderen Huxley-Romanen nicht von vornherein den durchschlagenden Erfolg, den man bei einem solchen Klassiker des 20. Jahrhunderts wohl erwarten würde. So waren etwa die Erstverkaufszahlen für *Eyeless in Gaza,* Huxleys nächsten Roman (1936), mit 26 700 mehr als doppelt so hoch wie die von *Brave New World.*[131] Erst in den folgenden Jahrzehnten kristallisierte sich *Brave New World* als ausgesprochener *long-seller* heraus, bis das Buch schließlich

---

[126] Vgl. dazu die Einleitung zu Watt (Hrsg.): Critical Heritage.
[127] Smith (Hrsg.): Letters. Letter No. 340 (19 Feb., 1932).
[128] Watt (Hrsg.): Critical Heritage. S. 17.
[129] Bedford: Huxley, Bd. 1, S. 251.
[130] Smith (Hrsg.): Letters. Letter No. 411 (30 March, 1937).
[131] Vgl. Watt (Hrsg.): Critical Heritage, S. 19.

im Bewußtsein des Lesepublikums der Huxley-Roman schlechthin war, dies um so leichter, als seine Veröffentlichungen der fünfziger Jahre nur mäßigen Absatz fanden und der schriftstellerische Ruf des späten, „positiv-konstruktiven“ Huxley bei den Kritikern zu dieser Zeit einen absoluten Tiefpunkt erreichte.[132]

Das typische *long-seller*-Profil von Huxleys „most celebrated book“[133] spiegelt sich auch, wie in meinem Vorwort erwähnt, in den immer noch steigenden jährlichen Verkaufszahlen der deutschen Ausgabe in der Übersetzung von Herberth E. Herlitschka. Jede Rezeptions-Kritik, die diese Übersetzung unberücksichtigt ließe, wäre unvollständig, weil ja – bei einer Million verkauften Exemplaren! – die Aufnahme des Romanes in der Bundesrepublik Deutschland unstreitig vor allem über diese Fassung erfolgt ist.

Schon 1932 erschien in Leipzig die erste deutsche Ausgabe von *Brave New World,* übersetzt von Herlitschka *(Welt – Wohin?)*; die zweite, nur leicht veränderte, folgte 1950 unter dem Titel *Wackere neue Welt* (Zürich), die dritte, nun als *Schöne neue Welt,* 1953 im Fischer Taschenbuchverlag. Diese Herlitschka-Übersetzungen sind insofern problematisch, als in ihnen die Handlung von *Brave New World* nach Deutschland verlegt worden ist, und sämtliche Namen, Bezeichnungen und Anspielungen in dem Maße „eingedeutscht“ sind, wie es für das Verständnis eines deutschen Lesers notwendig schien. Es handelt sich also eigentlich um eine *Übertragung,* und somit um ein Verfahren, das in besonderer Weise für eine interpretatorische Verschiebung der Aussage anfällig ist.

Zwar ist es nicht weiter von Belang, wenn aus London Berlin wird, aus Henry Foster ein Herr Päppler, oder wenn sich der Wilde am Ende in der Lüneburger Heide erhängt. Manche Einfälle sind auch durchaus erfreulich und kongenial: der „World Controller Mustapha Mond“ wird zum „Weltaufsichtsrat Mustapha Mannesmann“, Henry Päppler wird nicht versäumen, sich den neuen Film „anzufühlen“ (39), und der D. H. C. war einmal „ganz aus dem Fläschchen“ (79). Doch andere Übertragungen sind ungeschickter, lenken die Auffassung des Lesers in strittige Bahnen: Aus den „Simple Lifers“ macht Herlitschka absonderliche „Freiluftbündler“ (49), aus

---

[132] Vgl. Watt (Hrsg.): Critical Heritage, S. 28; Charles G. Hoffmann: The change in Huxley's approach to the Novel of Ideas. In: Personalist, 42 (1961), S. 85–90; Frederick John Hoffmann: Aldous Huxley and the Novel of Ideas. In: Forms of Modern Fiction. Essays Collected in Honor of Joseph Warren Beach. Hrsg. von William van O'Connor. Bloomington 1959, S. 189–200.

[133] Watts: Huxley, S. 72.

„John“ einen deutschen „Michel“ (welch interpretatorische Vorentscheidung!), und das durchgehend ironisch-doppeldeutige Weltstaatsmotto „Community, Identity, Stability“ wird ihm zum biedereindeutigen „Gemeinschaftlichkeit, Einheitlichkeit, Beständigkeit“ (17). Wenn Huxley den zentralen Begriff der „social stability“ verwendet, übersetzt Herlitschka das mit „menschlicher Beständigkeit“ (20), „Elementary Class Consciousness“ wird zu „Anfangsgründe des Kastenbewußtseins“ (33) entschärft, und während es bei Huxley heißt „Unorthodoxy [. . .] strikes at society itself“, lautet der Satz bei Herlitschka wesentlich zahmer: „Ungewöhnlichkeit [. . .] ist ein Schlag gegen die Allgemeinheit selbst“ (112). Das „conditioning“ wird im Falle der Alphas als „Aufnormung“ bezeichnet (27), und der Bezug zum Behaviorismus in dem Namen Helmholtz Watson ist offenbar nicht erkannt, da Herlitschka einen großen Privatdetektiv ins Spiel bringt: „Helmholtz Holmes-Watson“ heißt die Figur bei ihm. Abgesehen von kleineren Fehlern wie der Umstellung eines ganzen Abschnittes (57) oder dem Druckfehler „Seelenzellen“ für „Selen-Zellen“ (122), gibt es aber noch andere Eigentümlichkeiten in der deutschen Übersetzung: Huxley beschreibt die technisch aufwendigen Freizeitspiele der *Brave New World* („it requires at least as much apparatus as the most complicated of existing games“) – Herlitschka übersetzt hier „apparatus“ mit „Befehle“ (35). Die Szene der Elektroschock-Konditionierung wird von Herlitschka – im Gegensatz zum kühlen Huxley – stärker emotionalisiert, indem er von „Körperchen“ („little bodies“) und „Kinderleibern“ (einfach „bodies“) schreibt (29). Vielleicht ist das aber auch nur Ausdruck seiner Tendenz, einiges zu verkleinern („elektrisches Schlägelchen“ für „mild electric shock“, „Studentlein“ für „students“) (29, 19). Auch das „orgy-porgy“ der „Solidarity Groups“ scheint mir mit „Rutschi-putschi“ nur unzureichend getroffen zu sein (71), und während es bei Huxley über den Kreis der Teilnehmer unverbindlich heißt „[it] fell in partial disintegration on the ring of couches“, sinkt er bei Herlitschka „in paarweisem Zerfall auf die Sofas“ (71) – eine vergleichsweise konventionelle Orgie. Watson und Marx wissen bei Huxley, daß sie „individuals“ sind, bei Herlitschka sind sie – sehr viel unspezifischer – „Einzelfälle“ (60). Während John mit seinem Garten noch gar nicht so weit ist („the Savage dug at what was to be his garden“), ist der fleißige Michel schon fertig: „grub der Wilde seinen Gemüsegarten [!] um“ (181) – womit er dann auch die feine Parallele zu Voltaires Candide zugeschaufelt haben dürfte.

Sicher kann eine solche Auflistung von Fehlern und Schwächen die Leistung der ansonsten verdienstreichen Übertragung Herlitschkas

nicht schmälern, doch wenn die zunehmende Antiquiertheit der Ausdrucksweise („Atomzertrümmerung“ für „nuclear fission“, „atomische Energie“ für „atomic energy“) sowieso eine Überarbeitung der deutschen Ausgabe erforderlich macht, sollte auch versucht werden, der Intention des Huxley-Textes in noch größerem Maße gerecht zu werden. Die Herlitschka-Übersetzung verfälscht zwar nicht Huxleys Roman, sie hat aber, selbst wenn man die ungewöhnlichen Schwierigkeiten des Projektes in Rechnung stellt, bedauerliche und vermeidbare Schwachpunkte, von denen der eher betuliche, biedere Stil und Ton gewiß nicht der unwichtigste ist.
Die Rezeptionsgeschichte von *Brave New World* gleicht einem z. T. verwirrenden Mosaik. Ich habe versucht zu zeigen, in welchem Ausmaß – und aus welchen möglichen Gründen – das Buch so unterschiedliche Interpretationen und Reaktionen provoziert hat, und warum diese Utopie – die sicher als eines der wichtigsten Bücher der Weltliteratur unseres Jahrhunderts bestehen bleiben wird – so erstaunlich häufig mißverstanden worden ist, so auffallend häufig in ihrer Radikalität und ihrem kritischen Kern verkannt wurde. Manche Veröffentlichungen der letzten Jahre lassen hoffen. Seit den späten Sechzigern wird die gesellschaftskritische, gegenwartssatirische Stoßrichtung von *Brave New World* wieder stärker betont („Wir sind gemeint“). Die Kritik der „consumer society“, der industriellen Wachstums- und Wegwerfgesellschaft, scheint angesichts einer drohenden globalen ökologischen Katastrophe heute aktueller denn je. Das Problem einer systematisch betriebenen, eine hierarchische Gesellschaft stabilisierenden Bewußtseinsverarmung, wie sie Huxley in *Brave New World* beschrieben hat, ist nicht minder aktuell. Huxleys Impulse aufnehmend und sich explizit auf ihn beziehend, schrieb der Soziologe Andrew Hacker schon 1955:

> [...] it is my own *prima facie* belief that – even in pluralist societies – for most people autonomy exists only in a very small degree. [...] The upsurge of mass-conditioning in this century has spelled the demise of the autonomous man who has been so enthusiastically proclaimed by liberal theorists. Autonomy may still be a reality for the small minority who operate the conditioning process – or who manage to escape it. But because the vast bulk of the community passively receives the attitudes which are implanted in them, it is necessary for us to recast our thinking about the „individual“ in politics.[134]

Daß trotz dieser bedrohlichen Tendenzen, ja gerade gegen sie, an einer praxis-orientierten Hoffnung festzuhalten sei, machte Aldous

[134] Hacker: Dostojevsky's Disciples, S. 613.

Huxley in seinem Vorwort von 1946 deutlich, als er – gegen jene Kritiker, die ihm Versagen vorwarfen – zur Möglichkeit einer wirklich *menschenwürdigen Existenz,* auch im Schatten von ökologischer und nuklearer Katastrophe, ausführte:

> [. . .] though I remain no less sadly certain than in the past that sanity is a rather rare phenomenon, I am convinced that it can be achieved and would like to see more of it. For having said so in several recent books and, above all, for having compiled an anthology of what the sane have said about sanity and all the means whereby it can be achieved, I have been told by an eminent academic critic that I am a sad symptom of the failure of an intellectual class in time of crisis. The implication being, I suppose, that the professor and his colleagues are hilarious examples of success. The benefactors of humanity deserve due honour and commemoration. Let us build a pantheon for professors. It should be located among the ruins of one of the gutted cities of Europe or Japan, and over the entrance of the ossuary I would inscribe, in letters six or seven feet high, the simple words: SACRED TO THE MEMORY OF THE WORLD'S EDUCATORS! SI MONUMENTUM REQUIRIS CIRCUMSPICE.

VI. Zeittafel

1894 Aldous Huxley in Godalming (Surrey) geboren (26. Juli)
1903 Prep School in Hillside
1908 Eton; Tod seiner Mutter Julia (29. Nov.)
1911 erkrankt an *keratitis punctata*
1913 Balliol College, Oxford
1914 Selbstmord seines Bruders Trev (23. August)
1915 erste Gedichte in *Oxford Poetry*; trifft D. H. Lawrence
1916 Examen in Oxford; *The Burning Wheel*; Lehrerjob in Repton; wohnt in Garsington auf dem Landsitz der Morrells
1917 arbeitet beim Air Board; später Lehrer in Eton (bis 1919); *Jonah*
1918 *The Defeat of Youth*
1919 arbeitet für Middleton Murrys *Athenaeum*; heiratet Maria Nys (10. Juli)
1920 *Limbo;* Geburt seines Sohnes Matthew; arbeitet zusätzlich für *Westminster Gazette* und *House & Garden; Leda*
1921 *Crome Yellow*
1922 *Mortal Coils*
1923 erster Dreijahresvertrag mit Chatto & Windus; *On the Margin*; *Antic Hay*; Umzug nach Italien
1924 *Little Mexican*
1925 *Those Barren Leaves*, Weltreise über Indien, China, Japan, USA (September 1925 bis Juni 1926)
1926 *Two or Three Graces; Jesting Pilate;* neuer Vertrag mit Chatto & Windus; enge Freundschaft mit D. H. Lawrence bis zu dessen Tod (2. März 1930)
1927 *Proper Studies*
1928 *Point Counter Point;* neue Wohnung in der Nähe von Paris
1929 *Do What You Will*
1930 Umzug nach Sanary-sur-Mer (Provence); *Brief Candles*; *Vulgarity in Literature*
1931 *Music at Night, The Cicadas*; schreibt *Brave New World* (Mai bis August)
1932 *Text and Pretexts Brave Newe World* (Februar)
1933 Reise in die Karibik und nach Mexiko; Leonard Huxley stirbt (3. Mai)
1934 *Beyond the Mexique Bay*; zusätzliche Wohnung in London
1935 engagiert sich in der pazifistischen Peace Pledge Union (bis 1938)
1936 *Eyeless in Gaza*; *The Olive Tree*
1937 *Ends and Means*
1938 neues Domizil Los Angeles, USA

1939 *After Many a Summer Dies the Swan*; arbeitet für Hollywood-Filmgesellschaften
1941 *Grey Eminence*
1942 *The Art of Seeing*; bezieht zusätzliches Haus in der Mojave-Wüste
1944 *Time Must Have a Stop*
1945 *The Perennial Philosophy*
1946 *Science, Liberty and Peace*
1948 *Ape and Essence*
1950 *Themes and Variations*
1952 *The Devils of Loudun*
1953 erste Mescalin-Experimente
1954 *The Doors of Perception*
1955 Tod seiner Frau Maria (12. Feb.); *The Genius and the Goddess*
1956 *Heaven and Hell*; *Adonis and the Alphabet*; heiratet Laura Archera; beginnt *Island*
1958 *Brave New World Revisited*
1959 Gastprofessur in Berkeley, Calif.
1960 Gastprofessur am M. I. T., Cambridge, Mass.; erste Krebsdiagnose, Strahlentherapie
1961 sein Haus in Los Angeles brennt ab; Verlust seiner Bibliothek und wichtiger Unterlagen
1962 *Island*; erneute Krebssymptome, Operation, erneute Bestrahlungen
1963 *Literature und Science*; stirbt in Los Angeles (22. November)

VII. Kommentierte Bibliographie

Aldous Huxleys *Brave New World* ist, wie sein gesamtes Werk, in einer gebundenen *standard edition* im Londoner Verlag Chatto & Windus erschienen. Preiswerte und zuverlässige Taschenbuchausgaben, die auch das Vorwort von 1946 enthalten, bieten Granada-Panther (London 1977 ff.) und – mit geringfügigen Textabweichungen – Harper & Row (New York 1969 ff.). Die meines Wissens derzeit preisgünstigste Ausgabe auf dem deutschen Markt ist der Nachdruck des Harper & Row-Textes durch den ELT-Verlag Hamburg ([1]1980). Die deutsche Übersetzung von Herberth E. Herlitschka (*Schöne neue Welt.* Frankfurt/Main: Fischer Taschenbuchverlag, 1953 ff.) ist mit Vorsicht zu benutzen (vgl. S. 144 ff. des vorliegenden Bandes). Jede Lektüre von *Brave New World* gewinnt zweifellos noch durch die Kenntnis von George Orwells *1984* (als Penguin- oder Signet-Taschenbuch), Jewgenij Samyatins *Wir* (München: Heyne, 1982) und mindestens einer der folgenden Utopien von H. G. Wells:

When the Sleeper Wakes. 1899. Rev. and reiss. in London 1911 as The Sleeper Awakes;

A Modern Utopia. 1905. Repr. London 1925;

Men Like Gods. 1923. Repr. London 1927.

Doch zurück zu Aldous Huxley: Die Standardbiographie über Aldous Huxley ist das materialreiche zweibändige Werk von

Bedford, Sybille: Aldous Huxley: A Biography. 2 Vols.. Vol. 1: 1894–1939; Vol. 2: 1939–1963. London 1973, 1974.

Wertvolle Ergänzungen und interessante Einblicke bieten

Aldous Huxley, 1894–1963: A Memorial Volume. Hrsg. von Julian Huxley. London 1965; Letters of Aldous Huxley. Hrsg. von Grover Smith. London 1969;

Writers at Work: The ‚Paris Review Interviews', Second Series. Hrsg. von George Plimpton. New York [2]1963, S. 193–214.

Sowohl Aldous Huxleys eigenes umfangreiches Œuvre als auch die zahlreiche Sekundärliteratur ist durch vier Personalbibliographien hervorragend erschlossen:

Eschelbach, C. J. / J. L. Shober: Aldous Huxley: A Bibliography 1916–1959. Berkeley 1961;

ders./J. L. Shober-Marthaler: Aldous Huxley: A Bibliography 1914–1964: A Supplementary Listing. In: Bulletin of Bibliography and Magazine Notes 28 (1971), S. 114–117;

Clareson, T. D. / C. S. Andrews: Aldous Huxley: A Bibliography 1960–1964. In: Extrapolation 6 (1964), S. 2–21;

Davis, Dennis Douglas: Aldous Huxley: A Bibliogaphy 1965–1973. In: Bulletin of Bibliography and Magazine Notes 31 (1974), S. 67–70.

Für die Jahre nach 1973 möge man die gängigen anglistischen Bibliographien (*PMLA, Year's Work in English Studies, Annual Bibliography of English Language and Literature, New Contents: English Language and Literature* usw.) konsultieren.

Den besten Zugang zu Aldous Huxleys *Brave New World* bietet immer noch Huxley selbst. Lohnend, beinahe unerläßlich ist die (doppelt) kontrastive Lektüre seiner negativen Utopie *Ape and Essence* (1948) und seiner positiven Utopie *Island* (1962). Die Essaysammlung *Music at Night* (London 1931, repr. 1957) ist „*Brave New World* im Embryonalzustand" genannt worden; sie hilft, Huxleys Intention in *Brave New World* besser zu verstehen. Das gleiche gilt für die folgenden Aufsätze und Essays:

Work and Leisure. In: Aldous Huxley: Along the Road. London 1925, repr. 1974;

On Making Things Too Easy. In: Vanity Fair 25 (Jan. 1926), S. 66;

The Outlook for American Culture. In: Harper's Magazine 155 (Aug. 1927), S. 265–272;

Progress. In: Vanity Fair 29 (Jan. 1928), S. 69, 105;

Machinery, Psychology and Politics. In: Spectator 142 (23 Nov., 1929), S. 749–751;

Economists, Scientists and Humanists. In: Science in the Changing World. Hrsg. von Mary Adams. London 1933, S. 209–223;

Brave New World. In: Life 25 (20 Sept., 1948), S. 63–64, 66, 68, 70.

Dagegen kann die Essaysammlung *Brave New World Revisited* (New York 1958) längst nicht so viel zu einem tieferen Verständnis von *Brave New World* beitragen wie gemeinhin angenommen wird. Hier geht es Huxley primär um die Frage, welche „Prophezeiungen" der negativen Utopie mittlerweile eingetroffen oder sogar schon von der Wirklichkeit überholt worden sind.

Zur „eigentlichen" Sekundärliteratur: Eine gute Auswahl der wichtigsten zeitgenössischen Reaktionen auf Werke Huxleys enthält – zusammen mit einer hilfreichen Einführung – der Aldous Huxley-Band der *Critical Heritage*-Serie (Hrsg. von Donald Watt. London/Boston 1975). Für die vertiefende Arbeit an *Brave New World* weniger wichtig ist jedoch die Sammlung in der *Twentieth-Century-Views*-Reihe

Aldous Huxley: A Collection of Critical Essays. Hrsg. von Robert E. Kuehn. Englewood Cliffs, New Jersey/London 1974,

da hier andere Werke Huxleys im Vordergrund stehen. Zur schnellen einführenden Orientierung seien folgende Titel empfohlen:

Clareson, Thomas D.: The Classic: Aldous Huxley's Brave New World. In: Extrapolation 2 (1960), S. 33–40;

Karl Schlüter: Aldous Huxley. In: Englische Dichter der Moderne: Ihr Leben und Werk. Hrsg. von Rudolf Sühnel / Dieter Riesner, Berlin 1971, S. 411–422;

ferner die Huxley-Passagen in

Erzgräber, Willi: Utopie und Antiutopie: Morus, Morris, Wells, Huxley, Orwell. München 1980;

Fricker, Robert: Der moderne englische Roman. Göttingen [1]1958,

sowie die etwas umfangreichere Broschüre von

Calder, Jenni: Huxley and Orwell: Brave New World and 1984. London 1976,

in der die Sozialstruktur der Brave New World besondere Beachtung findet. Wenn es auch außer der Dissertation von

Thiel, Berthold: Aldous Huxleys Brave New World. Amsterdam 1980

keine Monographien über *Brave New World* allein gibt, so enthalten doch fast alle Studien, die sich mit Huxleys Romanwerk oder Aspekten desselben beschäftigen, auch ein Kapitel oder einige Abschnitte über *Brave New World.* Häufig handelt es sich dabei jedoch lediglich um recht oberflächliche, mitunter sogar fehlerhafte Zusammenfassungen des Inhalts von *Brave New World,* verbunden mit mehr oder weniger geistreichen Kommentaren, die dem aufmerksamen Leser wenig Neues bringen. Unergiebig in bezug auf *Brave New World* scheinen mir folgende Titel:

Atkins, John A.: Aldous Huxley: A Literary Study. London 1957, new and revised 1967;

Birnbaum, Milton: Aldous Huxley's Quest for Values. Univ. of Tennessee Pr., 1971;

Bowering, Peter: Aldous Huxley: A Study of the Major Novels. London 1968;

Brander, Laurence: Aldous Huxley: A Critical Study. Lewisburg 1970;

Firchow, Peter: Aldous Huxley: Satirist und Novelist. Minneapolis 1971;

Holmes, Charles Mason: Aldous Huxley and the Way to Reality. Bloomington/London 1970;

Meckier, Jerome: Aldous Huxley: Satire and Structure. London 1969;

Vinocur, Jacob: Aldous Huxley: Themes and Variations. Univ. of Wisconsin 1958;

Watts, Harold H.: Aldous Huxley. New York 1969.

Besonders viel Paraphrase enthalten die Bücher von Birnbaum, Bowering und Holmes, während vor denen Branders und Meckiers vor allem wegen inhaltlicher Fehler zu warnen ist. Unbedingt zu empfehlen ist aber die ältere Studie von

Henderson, Alexander: Aldous Huxley. London 1935, reiss. New York 1964,

die zusammen mit der von

Woodcock, George: Dawn and the Darkest Hour: A Study of Aldous Huxley. London 1972

und der hervorragenden Arbeit von

May, Keith: Aldous Huxley. London 1972

zum Besten zählt, was es an Huxley-Sekundärliteratur gibt. Erwähnenswert, weil solide und materialreich, scheinen mir auch

Thody, Philip: Aldous Huxley: A Biographical Introduction. London 1973

sowie der neuere Titel von

Ferns, C. S.: Aldous Huxley: Novelist. London 1980,

in dem Huxleys häufig unterschätzte schriftstellerische Qualitäten eine verdiente Würdigung erfahren.

Viele Werke zur negativen/Anti-Utopie enthalten Kapitel oder Abschnitte über Huxleys *Brave New World.* Besonders zu nennen wären hier

Hillegas, Mark R.: The Future as Nightmare: H. G. Wells and the Anti-Utopians. New York/London 1967;

Tuzinski, Konrad: Das Individuum in der englischen devolutionistischen Utopie. Tübingen 1965;

Walsh, Chad: From Utopia to Nightmare. London 1962.

Außerdem enthält der Sammelband

Englische Literatur und Politik im 20. Jahrhundert. Hrsg. von Paul Goetsch / Heinz-Joachim Müllenbrock. Wiesbaden 1981

mit den Aufsätzen von Lothar Fietz („Politik und Roman: David Herbert Lawrence und Aldous Huxley“) und Hans Ulrich Seeber („Totalitarismus-Kritik in der modernen englischen Utopie“) zwei Beiträge, die verwertbares Material bieten.

Jede tiefergehende Analyse von *Brave New World* sollte außer den schon im Text des vorliegenden Bandes ausführlich behandelten *Brave New World*-Interpretationen von Ludwig Borinski (vgl. S. 130 ff.) und Theodor W. Adorno (vgl. S. 138 ff.) auch unbedingt solche Aufsätze berücksichtigen, die sich mit Einzelaspekten des Buches auseinandersetzen. Aus der Masse dieser Veröffentlichungen seien folgende Titel, die sich als gut fundiert und gewinnbringend erwiesen haben, herausgestellt:

Firchow, Peter: Science and Conscience in Huxleys Brave New World. In: Contemporary Literature 16 (Summer 1975), S. 301–316 (weist gut die Verbindungen zu Russell, Haldane und Freud auf);

Holz, Ludwig: Methoden der Meinungsbeeinflussung bei Orwell und Aldous Huxley. Hamburg 1963 (gut über Behaviorismus, Parallelen zu *Wir*);

Kessler, Martin: Power and the Perfect State: A Study in Disillusionment as Reflected in Orwell's 1984 and Huxley's Brave New World. In: Political Science Quarterly 72 (Dec. 1957), S. 565–577 (ein Vergleich, der wenig an Phänomenen klebt und die ökonomisch-technologische Basis von *Brave New World* aufdeckt);

Schmerl, Rudolf B.: Aldous Huxley's Social Criticism. In: Chicago Review 13 (Winter/Spring 1959), S. 37–58 (fundamentale Kritik an *Ends and Means, Brave New World Revisited, Science, Liberty and Peace* und *Proper Studies:* sieht Huxley als Demokratiefeind);

ders.: The two future Worlds of Aldous Huxley. In: PMLA 77 (June 1962), S. 328–334 (über *Brave New World* und *Ape and Essence;* sagt Hilfreiches zum Aufbau und den Anfangskapiteln von *Brave New World*);

Wilson, Robert H.: Brave New World as Shakespere [sic] Criticism. In: Shakespeare Association Bulletin (New York) 21 (July 1946), S. 99–107 (begründete Zurückweisung der These, Shakespeare werde in *Brave New World* als Norm etabliert);

Watt, Donald: The Manuscript Revisions of Brave New World. In: Journal of

English and Germanic Philology 77 (1978), S. 367–382 (der vielleicht wichtigste Artikel der letzten Jahre; unerläßlich für jede Revaluierung des Romans).

Zur Bearbeitung der Utopie-Problematik sei pauschal auf die Literaturangaben in den Fußnoten des Kapitels III verwiesen. Als gute Einstiegstexte möchte ich jedoch

Broich, Ulrich: Gattungen des modernen englischen Romans, Wiesbaden 1975, S. 94–142, und

Nipperdey, Thomas: Die Funktion der Utopie im politischen Denken der Neuzeit. In: Archiv für Kulturgeschichte 44 (1962), S. 357–378

hervorheben. Der Sammelband

Alternative Welten. Hrsg. von Manfred Pfister. München 1982

wird wertvolle Anregungen geben, während mir

Berneri, Marie Louise: Journey Through Utopia. Boston 1950

das beste, stilistisch brillante Buch für jene scheint, die sich einen Überblick über die Inhalte der Utopien der Literaturgeschichte verschaffen möchten. Die kommentierte Bibliographie von

Biesterfeld, Wolfgang: Die literarische Utopie. Stuttgart ²1982

dürfte alle restlichen bibliographischen Nöte beseitigen.

Ein letztes Wort zu den in Großbritannien, Kanada und den USA vertriebenen *study aids* oder *notes* zu *Brave New World.* Zwei der fünf mir vorliegenden Titel sind nicht zu empfehlen, ja vor ihnen ist zu warnen. Sowohl

Handley, Graham: Brodie's Notes on Aldous Huxley's Brave New World [Pan Study Aids]. London/Sydney ⁴1977

als auch das beinahe unglaubliche

Coles Editorial Board: Huxley: Brave New World and Brave New World Revisited [Coles Notes]. Toronto 1981

sind banal, oberflächlich, geschwätzig und z. T. grob fehlerhaft. In

Barnish, Valerie L.: Notes on Aldous Huxley's Brave New World [Methuen Notes]. London 1977

kommt es wegen eines ungeschickten Aufbaus zu unnötigen Wiederholungen. Qualitativ liegen diese *notes* zusammen mit

Gannon, Paul W.: Aldous Huxley's Brave New World, Point Counter Point, After Many a Summer and Eyeless in Gaza [Monarch Notes]. New York 1965

zwischen den oben genannten mangelhaften und dem einzigen Titel, den man guten Gewissens loben kann:

Routh, Michael: Aldous Huxley: Brave New World [York Notes]. Harlow, Essex 1982.

Routh gibt sehr knappe Zusammenfassungen, die (anders als die anderen *notes*) voraussetzen, daß man *Brave New World* tatsächlich gelesen hat. Seine Erläuterungen sind hilfreich (ohne „blunders"), seine Kommentare intelligent und anspruchsvoll. Routh stellt gute weiterführende Fragen und gibt sinnvolle Tips zum Selbststudium.

Nach Abschluß des Manuskriptes im Mai 1983 sind, vor allem im Zusammenhang mit dem „Orwell-Jahr" 1984, zahlreiche (nicht fachwissenschaftliche) Artikel erschienen, in denen *1984* kontrastiv mit *Brave New World* verglichen wird. Die Tendenz der *Brave New World*-Rezeption ist sehr erfreulich: Im Gegensatz zur verkürzenden Lektüre der fünfziger und frühen sechziger Jahre wird das gesellschafts- und gegenwartskritische Potential der Huxley-Utopie nicht länger herabgespielt, sondern gewürdigt und genutzt. Besonders erwähnenswert scheint mir

Alfred Paffenholz (Hrsg.): 1984 – Der Große Bruder ist schon da – Ein Lesebuch. Hannover 1983,

vor allem aber der hervorragende Aufsatz

Werner Meyer-Larsen: 1984 – Industrialismus und Diktatur: Orwell, Huxley und das wahre Leben,

der in dem von Meyer-Larsen herausgegebenen *Spiegel*-Buch

Der Orwell-Staat 1984: Vision und Wirklichkeit. Reinbek 1983

abgedruckt ist.